Nadja Forster

Im Zug der gelungenen Veränderungen

Eine Geschichte über die eigenen Wege im Leben

Impressum

Copyright: © 2014 Nadja Forster
2. Auflage

Umschlaggestaltung, Illustration: Nadja Forster und Kreutzfeldt digital
Lektorat, Korrektorat: Kreutzfeldt digital

Verlag: tredition GmbH, Hamburg
ISBN 978-3-7345-2263-5 (Paperback)
ISBN 978-3-7345-2264-2 (Hardcover)

Das Werk, einschließlich seiner Teile, ist urheberrechtlich geschützt. Jede Verwertung ist ohne Zustimmung des Verlages und des Autors unzulässig. Dies gilt insbesondere für die elektronische oder sonstige Vervielfältigung, Übersetzung, Verbreitung und öffentliche Zugänglichmachung.
Bibliografische Information der Deutschen Nationalbibliothek:
Die Deutsche Nationalbibliothek verzeichnet diese

Publikation in der Deutschen Nationalbibliografie; detaillierte bibliografische Daten sind im Internet über http://dnb.d-nb.de abrufbar.

Widmung

Dieses Buch widme ich meinen Eltern, die mir geholfen haben, zu erkennen, wie jeder von uns innerhalb seiner Möglichkeiten andere Menschen auf ihrem jeweiligen Weg unterstützen kann.

Prolog

Der Zug des Lebens

„Das Leben ist wie eine Zugfahrt. Mit all den Haltestellen, Umwegen und Unfällen, die wir von Reisen mit der Bahn kennen. Wir steigen ein, treffen auf unsere Eltern und denken uns, dass sie immer mit uns reisen werden. Aber an irgendeiner Haltestelle werden sie aussteigen, und wir werden unsere Reise alleine fortsetzen. Genauso werden andere Personen in den Zug steigen: unsere Geschwister, Freunde, Cousins, sogar die Liebe unseres Lebens. Viele werden aussteigen und eine große Leere hinterlassen. Bei anderen werden wir gar nicht merken, dass sie ausgestiegen sind! Es ist eine Reise voller Freude und Leid, mit vielen Begrüßungen und Abschieden."

(Autor unbekannt)

Reise nach Peru

Die Fahrt mit dem Zug dauerte bereits fast zwei Stunden. Ich war von München auf dem Weg nach Peru. Vor mir lag meine erste Fernwanderreise. Die Wanderungen würden mich auf 5000 und 6000 Meter hohe Berge führen. Ich freute mich schon sehr lange auf diese Reise und nun erfüllte ich mir endlich diesen Wunsch. Aber vor dem Flug nach Südamerika wollte ich noch einen Abstecher nach Belgien machen und meine Eltern besuchen...
Mein Flugticket von Brüssel nach Lima war sicher in meinem Rucksack verstaut. In meine Gedanken versunken ließ ich die Landschaft draußen an mir vorbei sausen: Bäume, Wiesen, Felder, zwischendurch Häuser. Dann verlangsamte sich der Zug. Der nächste Bahnhof, der erste von gefühlt unzähligen Zwischenstopps, sollte doch erst in einer halben Stunde kommen. Was war denn jetzt los?
Plötzlich stoppte der Zug. Ich sah mich um und die meisten Passagiere verdrehten genervt die Augen, einige fluchten sogar leise vor sich hin, aber noch blieb alles ruhig. Minuten vergingen, es gab aber keine Durchsage und niemand wusste so recht, was eigentlich passiert war.
„Hoffentlich hat sich nicht wieder einer vor den Zug geschmissen!", hörte ich auf einmal jemanden ein paar Sitze hinter mir.
„Ach nein, dann hätte der Zug doch ganz anders abgebremst...", meinte ein anderer Zuggast.
Noch ein paar Minuten vergingen, dann hörten wir endlich die erlösende Stimme aus dem Lautsprecher: „Bitte verzeihen Sie den ungeplanten Stopp, aber vor

uns muss noch ein anderer Zug vom Gleis geschleppt werden. Unsere Weiterfahrt verzögert sich leider noch einen Augenblick. Sobald wir weitere Informationen für Sie haben, werden wir Sie umgehend informieren. Leider können wir im Moment noch keine genaue Auskunft über die Dauer der Verzögerung geben, da noch einmal komplett neu mit dem Abtransport begonnen werden muss." Den Rest bekam ich schon gar nicht mehr mit...

„Ja, den Gedanken kenne ich: Einfach noch einmal komplett von Neuem beginnen dürfen!" Ein Lächeln ging über meine Lippen.

Ich erinnerte mich an einen schönen Nachmittag, den ich im Sylvenstein verbracht hatte. Ich hatte eine kleine Wanderung am Fluss entlang unternommen und war den Ausläufern der Isarauen gefolgt. Überall um mich herum waren kleine Hügel. Ich genoss jede Minute. Damals nutzte ich häufig jede sich bietende Möglichkeit, zu der ich meine neue Wanderausrüstung testen konnte. So hatte ich mich Stück für Stück auf meine größeren Wanderungen vorbereitet und versucht, mit jedem Mal mein Pensum ein wenig zu steigern.
Ich wanderte am Fluss entlang. Alles war friedlich und ruhig, denn ich war ganz alleine unterwegs, nur der Fluss rauschte ganz leise neben mir. Mit jedem Schritt aber wurde das Geräusch des Wassers lauter, bis ich an einer kleinen Schleuse ankam: Ich sah, wie sich das Wasser, obwohl es nur ein kleiner Wasserfall war, mit extrem starker Strömung nach unten stürzte. Fasziniert setzte ich mich auf einen Stein am Flussufer und beobachtete wie gebannt die Stärke des

Wassers. Ich genoss diesen Moment sehr intensiv und auf einmal war der Gedanke da:
„Du hast es geschafft! Du hast dein Leben wirklich verändert und noch einmal von vorne begonnen!"
Am ganzen Körper hatte ich eine Gänsehaut bekommen, denn in diesem Moment war mir bewusst geworden, was ich da eigentlich getan hatte: Ich hatte es wirklich umgesetzt ... und ich war richtig stolz auf mich!

„Was haben Sie gesagt?" Eine Stimme riss mich aus meinen Erinnerungen, die so weit abgeschweift waren. Verdutzt sah ich mein Gegenüber an:
Die Frau war mit mir in München in den Zug gestiegen und hatte sich in den gleichen Viererblock gesetzt. Ich schätzte sie auf Mitte bis Ende 20. Schick und lässig zugleich wirkte sie mit ihrem hellblauen Blusenoberteil und den Jeans. Ihre mittellangen blonden Haare hatte sie kreuz und quer zusammengesteckt. In ihrer natürlichen Art strahlte sie Offenheit aus und war mir gleich sympathisch.
„Wo habe ich Sie denn jetzt herausgerissen?", lächelte sie mich an. „Was haben Sie da gerade gesagt? Noch einmal komplett neu anfangen?"
Was? Wie...?

„Oh, ja... anscheinend habe ich das gerade wohl laut gesagt. Ja: noch einmal komplett neu anfangen. Der Schaffner hat mich mit seiner Durchsage gerade an frühere Gedanken erinnert."
„Und, haben Sie es getan?"
„Was?"
„Komplett neu angefangen?"
„Ja, das könnte man so sagen...", lächelte ich sie an.

„Wow." Minuten vergingen. Die junge Frau musterte mich noch immer neugierig und fragte mich schließlich zaghaft:
„Das klingt jetzt wahrscheinlich total blöd, aber würden Sie mir davon erzählen? Dieser Satz von Ihnen über das neu anfangen lässt mich gerade nicht mehr los... Ich würde gerne mehr darüber erfahren. Natürlich nur, wenn ich Ihnen damit nicht zu nahe trete. Es klingt einfach total spannend für mich..."
Sie suchte nach Zustimmung in meinem Gesicht: „Ich heiße übrigens Ingrid."
Eine Zeit lang sah ich sie an. Sie lächelte irgendwie schüchtern und ich war innerlich hin- und hergerissen, was ich von ihrer Frage halten sollte. Ich konnte doch nicht einfach so einer wildfremden Person meine Geschichte erzählen... aber warum eigentlich nicht?
In ihren aufgeschlossenen Augen sah ich, dass ihr Interesse an meiner Geschichte echt war. Dann fiel mir ein, dass ich sie ja inzwischen auch schon in einem Podcast-Interview erzählt hatte und zudem hatte ich gerade damit begonnen, ein Buch darüber zu schreiben. Dann konnte ich doch auch Ingrid davon erzählen...

„Oh... ich bin gerade etwas überrascht.", meinte ich kurz darauf, „...aber warum nicht: Ich bin Nadja. Und wenn ich meine Geschichte erzähle, passt es dann, wenn wir aufs „Du" umsteigen?"
„Ja klar, gerne!", freute sich Ingrid und ich sah ein Funkeln voller Neugierde in ihren Augen.
„Na dann, wo soll ich anfangen? Warum interessiert dich das Thema denn eigentlich so?"
„Hmm, ich weiß nicht. Vielleicht... weißt du, ich bin selbst gerade nicht so sicher, wo ich für mich stehe.

Beruflich stecke ich irgendwie fest, mache seit Jahren das Gleiche und eigentlich weiß ich gar nicht mehr, ob ich das wirklich so will. Und auch sonst hab ich das Gefühl, dass alles in meinem Leben nur noch funktioniert weil es muss und Routine geworden ist. Ich *muss* jetzt nicht unbedingt neu anfangen, aber trotzdem hab ich gerade das Gefühl, dass mir deine Geschichte vielleicht weiterhelfen könnte. Du strahlst für mich so viel Zufriedenheit aus. Das war bei mir leider schon lange nicht mehr so! Da bin ich gerade echt für jeden Tipp dankbar."

„Verstehe. So ähnlich wie dir ging es mir auch mal. Alles schien bei mir so festgelegt zu sein. Ich hätte genau vorhersagen können, wie mein Leben in den nächsten 40-50 Jahren verlaufen würde ... zumindest fühlte es sich so an. Den Gedanken fand ich richtig gruselig!
Ob in meiner Geschichte ein Tipp für dich dabei sein wird, kannst letztlich nur du selbst beantworten. Vielleicht erzähle ich dir einfach, was mich dazu getrieben hat, in die Veränderung zu gehen, und wie ich sie für mich umgesetzt habe...?
In jedem Fall aber will ich noch vorausschicken, dass ich nur über meine persönlichen Erfahrungen und Eindrücke sprechen kann. Über das, was mir auf dem Weg passiert und begegnet ist. Ich habe also definitiv kein allgemeingültiges Patentrezept anzubieten. So ein Rezept gibt es für mich nämlich nicht. Denn egal was wir tun, wir tun das immer als Individuen. Ich habe für mich inzwischen nur meine ganz persönliche *'Zutatenliste'* gefunden. Den Rest gilt es dann, für dich selbst herauszufinden. Ich kann dir also nur Impulse geben...", betonte ich.

„Ja klar, das verstehe ich", meinte Ingrid.
„Na, dann lege ich mal los. Wie viel Zeit haben wir denn? Wann musst du aussteigen?", fragte ich Ingrid.
„Wir haben genug Zeit. Ich fahre noch bis Hamburg und momentan sieht es ja so aus, als würden wir hier erst einmal festsitzen..."
„Wenn das so ist, würde ich zuerst aber noch sehr gerne ein bisschen mehr über Dich erfahren, wenn Du erzählen magst... warum hast du denn das Gefühl festzustecken?", fragte ich Ingrid.

„Ach, weißt Du, eigentlich sollte ich ja hier sitzen, brav meine Emails beantworten und liegengebliebene Listen bearbeiten... und eigentlich habe ich überhaupt keine Lust dazu!", schnaubte sie und packte ihr Laptop gleich wieder ein. Sie rutschte auf ihrem Sitz herum, bis sie eine bequeme Sitzposition gefunden hatte und erzählte dann:
„Ich arbeite im Marketing-Bereich eines internationalen Unternehmens und bin geschäftlich viel unterwegs. Angefangen habe ich in der Firma vor vier Jahren, direkt nach dem Studium. Schon nach zwei Jahren hatte ich mich von der Junior- auf meine heutige Seniorposition hochgearbeitet. Ich muss dazu sagen, dass so eine Karriere in unserem Unternehmen eher untypisch ist..."
Mit einer Mischung aus Stolz und verkrampften Mundwinkeln saß sie vor mir. Dann erfuhr ich noch mehr über ihre Arbeit:
Ingrid betreute inzwischen eigene Kampagnen und arbeitete in der standortübergreifenden Marketinggruppe an internationalen Projekten mit. Ihr Job war abwechslungsreich, anspruchsvoll und herausfordernd: Genauso wie sie es mochte! Aber natürlich

war das auch ganz schön stressig und nahm viel ihrer Zeit und Energie in Anspruch. Abschalten und Auszeiten waren für Ingrid in den letzten Jahren eher die Ausnahme geworden und nach der Arbeit war sie froh, einfach nur mal ihre Ruhe zu haben. Auf dem Weg zum Bahnhof hatte sie sich ausgemalt, wie schön es doch wäre, wieder *echte* Freizeit zu haben...
„Endlich mal wieder regelmäßig Sport machen, mich wirklich mit Freunden treffen und nicht immer kurzfristig alles absagen müssen… Zeit für mich... oh ja, Zeit für mich! Es sind gefühlte Jahre, seit ich die einmal hatte.", sinnierte sie vor sich hin.
Ingrid erzählte mir, dass sie sich schon gar nicht mehr daran erinnern konnte, wann sie diese Dinge das letzte Mal wirklich genossen hatte, ohne dabei von Gedanken an die nächsten anstehenden Termine abgelenkt oder immer nur halb bei der aktuellen Sache zu sein.
„Aber weißt du, Nadja", versuchte sie mir zu erklären, „ich habe mir ja selbst alles so ausgesucht, jetzt muss ich auch damit leben. Mein Leben ist jetzt so, wie ich es gewählt habe, also sollte ich vielleicht einfach damit aufhören, mich ständig zu beschweren: es gibt schließlich Menschen, denen es viel schlechter geht als mir..."
„Naja...", meinte ich und legte den Kopf schief.
„Warum wolltest du eigentlich dein Leben neu beginnen? War es denn so schlimm?", lenkte Ingrid von sich ab.

„Hmm... Wo fange ich da am besten an...? Und nein, um erst einmal deine zweite Frage zu beantworten: so schlimm war es natürlich nicht!

Ich hatte ja alles, was ich mir nur wünschen konnte. Familie, Freunde, tolle und interessante berufliche Aufträge, die mir ein angenehmes Leben ermöglichten... Bei allem, was ich anpackte, war ich recht erfolgreich, denn wenn ich an einer Sache arbeite, gebe ich in der Regel mehr als 100%. Ich war viel unterwegs, denn meine Aufträge als Business Coach und Beraterin führten mich oft von meinem Zuhause weg. Tage mit 14-15 Stunden Arbeit inklusive Fahrtzeiten waren also keine Seltenheit. Und irgendwie funktionierte schon immer alles. Im Organisieren war ich sowieso schon immer gut und so versuchte ich eben, alles Anstehende bestmöglich miteinander zu verbinden.
Von außen betrachtet hätte man sagen können: Alles läuft bestens! Aber trotzdem fühlte ich mich nur noch ganz selten innerlich zufrieden und ausgefüllt... und wenn dann immer nur für viel zu kurze Zeit!
Je mehr ich dieses Gefühl vermisste, umso mehr Aktionen startete ich mit dem Gedanken: Wenn ich das noch mache und dies noch ausprobiere, dann bin ich endlich zufrieden. Aber die Realität sah es dann doch wieder anders aus. Es gab zwar weiterhin viele Erfolgserlebnisse für mich, aber innerlich erfüllt haben sie mich nicht mehr. Verstehst du was ich meine?"
Ingrid war ganz still geworden und nickte.

„Natürlich hätte ich alles gut sein lassen und mir sagen können: Dann ist es eben so. Ein dauerhaft zufriedenes Leben gibt es doch sowieso nicht. Ich könnte doch einfach mein Leben genießen, so wie es jetzt ist...
Und auch mein berufliches wie privates Umfeld suggerierte mir immer wieder: Du hast doch alles! Komm

doch einfach mal zur Ruhe, dann kannst du es auch mehr genießen...
Für kurze Momente, in denen ich das versucht hatte, war das dann auch tatsächlich der Fall, aber dieser Zustand hielt nie recht lange an und ich war immer wieder aufs Neue unzufrieden.
Es musste doch irgendwie anders gehen: und zwar nicht immer nur für kleine Momente, die nie lange anhalten. Dieser Gedanke ließ mich einfach nicht mehr los!
Mir war natürlich schon klar, dass nicht immer alles nur rosig sein könnte, aber trotzdem wollte ich ein positiveres Grundgefühl für mich erreichen. Ich suchte nach etwas, das mich mehr erfüllen konnte, als nur kurze Glücksmomente, die man durch das Kaufen von Sachen oder viel zu kurze Freizeit bekommt. Wenn ich frei hatte, musste ich sowieso meist erst einmal viel Schlaf nachholen und dann war das Wochenende auch schon wieder vorbei... also suchte ich immer weiter, es war beinahe ein innerer Zwang, eine innere Ruhelosigkeit, wenn du so möchtest."
Ingrid trommelte nervös mit ihren Fingern auf den Knien herum: „Deshalb konntest du auch nicht einfach ruhiger werden und dein Leben genießen, oder?"
„Nein, das konnte ich nicht.", sagte ich kopfschüttelnd und schaute aus dem weiten Panoramafenster.

Ohne weitere Ankündigung setzte sich der Zug plötzlich wieder in Bewegung. Wenige Minuten später fuhren wir in den nächsten Bahnhof ein. Wir waren in Stuttgart, unser erster Zwischenstopp:
Ein paar Leute aus unserem Wagen stiegen aus und wenige neue wieder ein. Darunter auch eine junge Frau in einem tollen schwarzen Kleid. Irgendwie lässig

und trotzdem stilvoll. Sie trug rote Stiefel und strahlte vor Lebendigkeit. Im Sitzblock links neben uns nahm sie Platz, nachdem sie einen riesigen Koffer auf die Gepäckablage gewuchtet hatte. Sie warf einen Blick auf ihre Fahrkarte und zog dann ein Buch aus ihrer Tasche. Aber sie hielt es nur in der Hand und schaute aus dem Fenster. Für einen kurzen Moment beobachtete ich sie noch: Super Ausstrahlung, dachte ich mir. Sie wirkt glücklich... Dann fuhren wir wieder los und ich konzentrierte mich weiter auf das Gespräch mit Ingrid.

„Entschuldige bitte, ich war noch in Gedanken. Wo war ich denn? Ah ja: Für mich musste es also noch etwas anderes geben als Tag für Tag und Woche für Woche immer wieder die gleichen Abläufe, die gleichen Fragen, die gleiche Routine zu leben...
Im Job hatte ich zwar ständig Abwechslung, aber auch das konnte mich ja immer nur kurzfristig erfüllen. Dazu kam, dass ich beruflich so viel unterwegs war... das war auf die Dauer doch sehr anstrengend und kräftezehrend. Meine anfängliche Freude über neue berufliche Aufgaben war deswegen oft schon sehr schnell wieder getrübt.
Und wieder und wieder kamen die Gedanken in mir hoch: Einfach noch einmal von vorne beginnen! Einfach einen Strich unter das bisher Geschehene ziehen und noch einmal neu starten!
Zuerst vernahm ich diese Stimme nur sehr leise in mir, aber mit der Zeit wurde sie immer drängender und lauter. Und obwohl ich sie längst bemerkt hatte, schob ich sie immer wieder weit weg:
So ein Schwachsinn! Ich kann doch nicht einfach alles noch mal neu aufsetzen...

So oder so ähnlich hielt ich mir lange selbst dagegen."

„Ja, genau! Solche Gedanken, die einfach immer wieder auftauchen und nicht locker lassen, die kenne ich auch!", rief Ingrid.
Ich nickte ihr lächelnd zu.
Auf einmal aber sah Ingrid mich ein wenig verwirrt an: „Aber deshalb ändert man doch noch nicht sein ganzes Leben, oder?"
„Haha, nein! Aber so hat es angefangen und mit der Zeit malte ich mir die Situation *'Neuanfang'* immer bunter aus... und dann kehrte ich wieder in die Realität zurück. Ich justierte in meinem Leben weitere Stellschrauben nach und suchte nach immer neue Lösungen für meine aktuelle Situation. *'Symptombekämpfung'* würde ich das heute nennen. Und je mehr ich nur die Symptome bekämpfte, desto leerer fühlte ich mich dabei.
Kennst du eigentlich die Szene aus „Titanic", in der Rose auf das Schiff geht? Das bringt es für mich auf den Punkt: Sie will gar nicht auf dieses Schiff und schreit innerlich sehr laut, aber keiner hört sie...?!"

„Ooh ja, die Szene kenne ich!", antwortete Ingrid.

„Dann kam ein neuer Auftrag als damals schon selbständige Interim Recruiterin für mich. In dem geplanten Projekt sollte ich einem Unternehmen dabei helfen, neue Mitarbeiter einzustellen und an Bord eines neuen Teams zu holen. Und dieses Mal war tatsächlich etwas anders: Anders als alles, was ich jemals zuvor erlebt hatte!
In dieser internationalen, offenen und dynamischen Unternehmenskultur konnte ich plötzlich richtig was

bewegen! Schnelle Entscheidungen wurden getroffen und unter den Mitarbeitern gab es regelmäßig offenen Austausch. Ich konnte wirklich viel von meinen Fähigkeiten bei diesem Projekt einbringen...
Nebenher startete ich bereits mit meiner Business-Coach-Ausbildung. Schon lange hatte ich nach einer guten Ausbildung in dieser Richtung gesucht, denn dass ich künftig noch intensiver und kompetenter Menschen in beruflichen Fragestellungen begleiten wollte, war mir damals schon klar. Ich liebe es einfach, Menschen dabei zu unterstützen, ihren eigenen Weg zu finden.
„Wie muss ich mir denn die Arbeit von so einem Business Coach genau vorstellen?", fragte Ingrid.

„Also da kommt jemand mit einem bestimmten Thema zu mir, z.B. will sich die Person beruflich weiterentwickeln und weiß aber noch nicht genau wie oder ist sich noch unsicher, ob es tatsächlich die richtige Richtung für sie ist etc.
Oder jemand strebt eine Führungsposition an oder hat gerade eine bekommen und nun möchte er die natürlich besonders gut ausfüllen... Manchmal geht es aber auch nur um grundsätzliche Entscheidungsthemen oder auch um Konflikte: eigentlich alles was du dir so vorstellen kannst.
Ich versuche dann, diese Menschen mit den richtigen Fragestellungen und unterschiedlichen Coaching-Tools dabei zu unterstützen, ihren eigenen Impulsen zu ihrem jeweiligen Thema zu folgen."
„Wenn ich also beispielsweise einen Konflikt oder ein Problem mit meinem Vorgesetzten oder Kollegen hätte und nicht mehr weiter wüsste oder mir überlegte, mir

einen neuen Job zu suchen... dann könnte ich damit zu dir kommen, oder?"
„Ja, genau. Wir würden dann erst einmal besprechen, welches der Themen du bearbeiten willst: ob du den Konflikt mit deinem Chef lösen möchtest oder gleich den Jobwechsel angehen willst. Du würdest also zuerst einmal selbst entscheiden, woran genau du arbeiten willst."
„Ok, das kann ich mir vorstellen. Und es würde mir wohl helfen, die Gedanken in meinem Kopf ein wenig zu ordnen. Klingt interessant!", meinte Ingrid.

Ich nickte: „Ja, das ist es auch. Aber in meiner Ausbildung habe ich nicht nur gelernt, wie ich anderen dabei helfen kann, solche Themen zu lösen. Zuerst musste ich für mich selbst viele Fragen beantworten: Das war für meine persönliche Situation damals sehr hilfreich, denn meine Gedanken, die so lange um Unzufriedenheit gekreist waren, gerieten dadurch ordentlich in Bewegung:
Ich befasste mich zuerst mit meinen '*Antreibern*' also all dem, was mich wirklich motiviert und von innen heraus antreibt. Was bringt meine Augen zum Funkeln und wofür brenne ich richtig?
Ein Analysetool, ein Auszug aus den '*Grundmotivatoren*' nach Steven Reiss, bestätigte mir schließlich, dass u.a. Aktivität, also auch Sport, ein wichtiger Ansporn für mich ist. Wenn ich also nicht dementsprechend in Bewegung lebe, fehlt ein Teil für mich. Dadurch erinnerte ich mich plötzlich wieder: Es hatte ja auch früher schon Phasen in meinem Leben gegeben, in denen ich sehr viel Sport gemacht hatte und in diesen Zeiten war es mir richtig gut gegangen. Aber dann hatte ich diesen Antreiber wieder vernach-

lässigt, weil ich für mich andere Prioritäten gesetzt hatte.
In der Zeit meiner Coaching-Ausbildung las ich natürlich auch viele Bücher zum Thema, vor allem zu Fragen wie:
Wie will ich mein Leben wirklich leben? Was ist wirklich wichtig für mich? Eine Frage, die mich besonders beschäftigte war: Worauf möchte ich einmal zurückblicken, wenn mein „Tag X" gekommen ist? Was will ich alles gemacht und erlebt haben?"

Ich hielt kurz inne, denn ich erinnerte mich an den Moment, als ich meine Lebensthemen für mich formuliert hatte. Das Bild des *Museums* hatte ich von John Strelecky, einem meiner Lieblingsautoren:
In seiner Geschichte hatte sich die Hauptperson sein ganzes Leben als Museum vorgestellt. Welche Themenbereiche würde es beim Laufen durch das Museum des eigenen Lebens geben? Welche Bilder, Menschen, Emotionen wären darin zu sehen? Was würde man als sein Leben hinterlassen?

Ingrid wartete schon gespannt darauf, dass ich weitererzählte: „Und dann?"

„... und dann stellte ich mir vor, mein Leben wäre ein Museum: Zu diesem Zeitpunkt hätte ich 90% Arbeit in meinem Museum vorgefunden, der Rest hätte Familie und Freunde gezeigt. Für Hobbys hatte ich keine Zeit und ansonsten wusste ich eigentlich gar nicht, was da sonst noch alles sein sollte... Aber gleichzeitig war mir plötzlich klar: Nein, das will ich nicht! So x-beliebig möchte ich nicht enden. Das ganze Leben lang nur arbeiten, um vielleicht noch die Rente genießen zu können, vielleicht aber auch noch nicht einmal das und wer weiß in welcher Verfassung... Nein, das kam für mich nicht in Frage!

Also fing ich an, mir zu überlegen, was ich *wirklich* will und worauf ich in meinem Leben einmal stolz zurückblicken möchte. Zuerst waren es nur einzelne Impulse und Gedanken, die sich aber langsam formten, und mit der Zeit entstanden ganze Bilder dazu. Irgendwann hatte ich dann mein Gesamtbild vor Augen. Aber wie sollte ich nur jemals dorthin kommen? Einfach alles weg- und über den Haufen werfen: Das konnte doch auch nicht funktionieren!

Ich saß also vor meinen gesammelten Erkenntnissen und überlegte mir, was ich damit jetzt am besten machen könnte. Meine Neugierde auf das, was mich erwartete, war auf jeden Fall schon sehr groß. Mein *'innerer Antrieb'* stand bereits in den Startlöchern: Ich hatte gelesen, dass ich mit kleinen Schritten anfangen kann. Also suchte ich mir erst einmal Kleinigkeiten, die aber doch mit meinen formulierten Zielen zusammenhingen.

Ein Beispiel: Ich wollte endlich wieder mehr Bewegung in meinem Leben haben, schließlich ist das ein *'Hauptmotivator'* für mich. Bisher hatte ich ständig Ausreden gefunden oder mein innerer Schweinehund stand mir scheinbar unüberwindbar im Weg... dachte ich zumindest...

Angefangen habe ich dann erst einmal damit, einfach nur eine Runde spazieren zu gehen. Ich erinnerte mich, dass ich Spaziergänge schon früher gerne zum Nachdenken unternommen hatte. Diese Runden an der frischen Luft taten mir schließlich so gut, dass ich mir immer öfter die Zeit dafür nahm und es machte mir immer mehr Spaß. Irgendwann wurde es mir sogar

egal, wie das Wetter ist. Für Regen gibt es einen Regenschirm, bei Schnee und Kälte packe ich mich eben warm ein. Einmal wollte ich um ca. 22.00 Uhr unbedingt noch raus... trotz Schneesturm! Es war eisig kalt und 40 Minuten später war ich bereits wie tiefgefroren. Gute zwei Stunden hat es anschließend dann noch gedauert, bis meine Beine wieder aufgetaut waren und ich endlich einschlafen konnte. Aber diese spontane Aktion war mir trotzdem jede Sekunde wert und ich war total happy!
So wie mit dem Sport ging es mir schließlich in vielen kleinen Bereichen und über Wochen, nein, Monate habe ich daran gearbeitet, mir solche für mich bedeutenden Kleinigkeiten wieder mehr und mehr in meinen Alltag zurückzuholen."
„Verstehe... und so hast du schrittweise dein Leben verändert?", fragte Ingrid.

"Ja, das waren die ersten Schritte, aber es kamen noch viel mehr dazu. Ich hatte angefangen, an weiteren kleinen Stellschrauben meines Lebens zu drehen, aber nicht mehr so blind darauf los, wie zuvor:
Diesmal kümmerte ich mich viel mehr darum, in mich hinein zuhören und nachzuspüren, was früher schon Bedeutung für mich hatte und woraus ich echte Zufriedenheit für mich ziehen konnte. Diese Dinge holte ich mir dann Stück für Stück in mein Leben zurück, z.B. eben durch die regelmäßige Bewegung in der Natur oder auch durch das Reisen...
Und auch im beruflichen Bereich wollte ich mich mit mehr Entscheidungsfreiheit neu ausrichten; nach und nach sah ich mir also meine Verhaltensmuster in den verschiedensten Lebensbereichen an und verknüpfte sie, so gut ich konnte, mit den von mir wieder neu

entdeckten Qualitätsmomenten und größeren Lebenszielen.
Der Prozess zog sich über mehrere Monate. In manchen Bereichen ging das sehr einfach, bei anderen aber musste ich sehr lange überlegen, was genau ich wie anpassen wollte und warum es so wie bisher für mich nicht mehr funktionieren konnte: oft war es echt hart, da genau hinzusehen, denn in erster Linie musste ich bei all den Fragestellungen erst einmal radikal ehrlich zu mir selbst sein!"

„Ehrlich zu sich selbst zu sein....ja! Das ist das Wichtigste und auch das Härteste!", platze plötzlich die Frau in der Sitzgruppe links von uns heraus.
„Oh bitte, Entschuldigung, dass ich mich hier so einfach einklinke, aber da konnte ich einfach nicht weghören! In einigem, was Sie gesagt haben, habe ich mich wohl gerade selbst wiedererkannt...".

Es war die Frau mit den roten Stiefeln, die mir bereits unter den Zusteigenden in Stuttgart aufgefallen war.
„Kein Problem. Aber ich denke, Sie wollten vielleicht noch mehr dazu sagen, oder?"
Ich schaute sie fragend an und war gespannt, was sie zu erzählen hatte. War sie auch ihren Träumen und Wünschen gefolgt, oder musste sie ganz andere Wege meistern?

„Wann und bei welchem Thema mussten Sie sich denn entscheiden? Ich heiße übrigens Nadja, und mir gegenüber sitzt Ingrid. Wenn es ok ist, können wir auch gerne zum Du übergehen."

„Ja, sehr gerne. Ich bin Sonja.", antwortete sie.

„Vieles von dem, was du gerade erzählt hast, hat mich an mich erinnert: Ich hatte es auch mit vielen Entscheidungen zu tun. Ich bin momentan noch am Umsetzen dessen, was für mich mein 'Lebensthema' ist. Ich würde sagen, ich bin schon so ziemlich bei in den letzten Ausläufern angekommen, aber das mit dem 'ehrlich zu sich selbst sein' hatte mich damals genauso in der Mangel", sagte sie und sehr bestimmt legte sie ihr Buch zurück in ihre Tasche.

„Also doch... Irgendwie hatte ich schon so eine Vermutung, dass du gerade dabei bist, ein großes Thema zu vollenden... wahrscheinlich weil Du einfach so lebensfroh wirkst. Es ist mir schon aufgefallen, als du zugestiegen bist.", sagte ich ihr.
„Danke für das Kompliment! Ja, das bin ich auch. Ich würde es ja mehr als erleichtert bezeichnen... denn heute sitze ich 40 Kilo leichter vor euch!", strahlte sie uns an.
„Wow! Das ist aber eine Leistung und eine große Veränderung.", staunte ich.

Nach einer kurzen Pause fragte ich Sonja dann ganz unverblümt: „Weißt du, wir tauschen uns gerade genau zu dem Thema Veränderung aus, das hast du ja sicher schon mitbekommen. Das was du geschafft hast, finde ich sehr spannend! Ich würde Deine Geschichte richtig gerne hören... wenn das auch für dich passt, Ingrid?", fragte ich und wandte mich wieder meinem Gegenüber zu.
„Ja klar, das ist eine wahnsinnige Leistung!", antwortete sie und nickte Sonja freundlich zu.

Ich freute mich und drehte mich ebenso neugierig wieder zu ihr: „Willst du uns auf deine Reise mitnehmen?"

Dass diese Zugreise so interessant und spannend werden würde, hatte ich gar nicht erwartet... Es ist wirklich immer wieder schön für mich zu sehen, was das Leben alles bereit hält: Jeden Tag aufs Neue!

Gespannt wartete ich also Sonjas Reaktion ab. Die überlegte nur kurz und antwortete dann:

„Ach ja, warum nicht? Meine Zugfahrt ist lang und Veränderungen finde ich mittlerweile echt total spannend! Ich freu mich, wenn wir uns darüber austauschen können."
Sie setzte sich mit in unseren Viererblock, rutschte hin und her und fing gleich an, zu erzählen:

„Ihr müsst euch vorstellen, dass ich noch nie das war, was man normalgewichtig nennt, zumindest 34 Jahre lang nicht. Ich bin schon mit Hamsterbacken und gesunden 8 Pfund zur Welt gekommen und das Thema Essen hat mich schon sehr früh geprägt:
Aufgewachsen bin ich in einer großen Familie mit einem Lebensmittelladen. Meine Eltern kannten die Entbehrungen des Krieges noch aus erster Hand. So wurde ich inmitten des neuen und hart erarbeiteten Wohlstands nach bestem Wissen und Ansinnen gut genährt. Bildern nach zu urteilen sogar viel zu gut...".
Sonja verzog einen ihrer Mundwinkel zu einem sarkastischen Lächeln.
„Dass man seinen Kindern das zuteilwerden lässt, wovon man selbst nie genug hatte, ist für mich in-

zwischen aber sogar sehr gut nachvollziehbar. Im Laufe der Zeit wurde ich also vom Wonneproppen zu einem echten Genussmenschen... worüber ich übrigens heute noch sehr froh bin! Zu Hause feierten wir viele Feste, und bei jeder Feier stand das Essen im Mittelpunkt. Von meiner Mutter habe ich das Kochen von der Pike auf gelernt. Meistens gab es so richtig gute Hausmannskost! Schon von früher Kindheit an durfte ich mich ganz kreativ beim Kochen und Backen austoben. Das liebe ich ja bis heute...
Was sich aber mittlerweile geändert hat:
Früher habe ich bezüglich des Essens ausschließlich unbewusst gehandelt, heute gehe ich viel reflektierter damit um und wähle meine Speisen sehr bewusst aus. Das fordert meinen Einfallsreichtum manchmal sogar noch mehr als früher.", schmunzelte Sonja.
Nach einer ganz kurzen Gedankenpause erzählte sie weiter:
„Ich muss euch ja nicht erst groß erzählen, wie sich das zu dicke Mädel in der Pubertät so gefühlt hat... überspringen wir das Kapitel also lieber... Schleichend kam immer mehr Unzufriedenheit in mir damit hoch, je älter ich wurde: Erst der Frust über die zu großen Kleidergrößen, dann das schon recht schweratmige Treppensteigen, schließlich sogar Schweißausbrüche bei den geringsten Anstrengungen. Manche Leute warfen mir schon mitleidige Blicke zu... so nahm ich das jedenfalls wahr!
Als mich dann plötzlich ein komplizierter Bänderriss am Sprunggelenk wochenlang außer Gefecht gesetzt hatte, dauerte es eine gefühlte Ewigkeit, bis ich wieder beschwerdefrei laufen konnte. In dieser Zeit spürte ich zum ersten Mal sehr bewusst, wie sehr mir mein Gewicht im Weg stand und wie sehr ich auf die Hilfe

anderer angewiesen war. Eigentlich fühlte ich mich mit knapp 32 noch viel zu jung dafür. Trotzdem dauerte es von diesem Zeitpunkt an noch fast ein ganzes Jahr, bis ich begann, tatsächlich etwas zu verändern...
Inzwischen kämpfte ich mit ersten Bluthochdruck-Diagnosen sowie einem akut aufgetretenem Hautausschlag. Ich hatte mehr und mehr das Gefühl, dass ich meine bisher für selbstverständlich gehaltene Gesundheit immer mehr einbüßte. Auf die ganzen Medikamente, die ich inzwischen nehmen sollte, hatte ich auch absolut keine Lust... aber ich hatte immer noch nichts geändert: Ich war immer noch Opfer!
Dann aber kam ein wirklich wichtiger Tag für mich, wenn ihr so wollt, mein persönlicher Auslöser, meinen Alltag zu verändern: Es war ein Gespräch mit einem Freund. Er vertritt und lebt die einfache Philosophie:
„Du musst darauf achten, dass es dir selbst gut geht! Dann geht es auch den anderen gut mit dir und dir geht es gut mit den anderen!"
Zuerst fand ich sein Statement einfach nur egoistisch. Aber seine Ermutigung „Tu dir selbst etwas Gutes!" hatte sich bereits in meinen Hinterkopf eingenistet und arbeitete sich von diesem Moment an langsam vor. Bald war es dann soweit, dass ich beschloss, mir selbst tatsächlich Gutes zu tun.
Angefangen habe ich dann mit Heilfastentagen. Diese Art zu fasten hatte ich vor einigen Jahren schon einmal ausprobiert, primär nicht wegen des Abnehmens, vielmehr aus spirituellen Gründen. Aber damit hatte ich sehr positive Erfahrungen gemacht und diesmal gestaltete ich die Aufbautage im Anschluss daran sehr langsam und bewusst, um genau herauszufinden, welche Nahrungsmittel z.B. meinen Hautausschlag förderten und welche nicht. Über Nacht war ich in

meinem Kopf also schon zum Täter geworden. Realisiert hatte ich das aber noch nicht.
Auch glaubte ich zu dem Zeitpunkt noch nicht, dass es mir diesmal gelingen würde, meine Ernährungsgewohnheiten wirklich längerfristig zu verändern. Aber meine Gedanken waren trotzdem schon auf dem Weg der Veränderung...." Sonja schlug die Beine übereinander, dann fuhr sie fort:
„Recht bald darauf hatte ich dann die Gelegenheit, zusammen mit einer Freundin einen Test zu machen, bei dem man seine *'Grundmotivatoren'* herausfinden konnte: Also das, was einen grundsätzlich antreibt. Ursprünglich wollte ich den Test ja machen, weil ich mir von den Ergebnissen mehr Klarheit für meinen weiteren beruflichen Weg versprochen hatte. Doch er eröffnete mir schließlich auch eine ganz neue Sicht auf die Themen 'Bewegung' und 'Essen':
Beide hatte ich in dem Test nämlich als absolut gleichwertig in ihrer Bedeutung für mich aufgestellt. Ich hatte diese beiden Parameter unter unzähligen Möglichkeiten gewählt und alle anderen landeten in der Auswertung deutlich dahinter. Ich war fassungslos!
Ich hatte doch die Antworten alle selbst gegeben und trotzdem war ich vom Ergebnis total überrascht: Dass Essen und Ernährung bisher in meinem Leben eine große Rolle gespielt hatten, war ja offensichtlich. Und genau so lange hatte ich schon mit meinem Gewicht gehadert und versucht abzunehmen...
Aber dass Bewegung genauso wichtig für mich sein sollte, war neu für mich. Ich musste mir eingestehen, dass ich diesen Teil in meinem Leben bisher bitterlich vernachlässigt hatte. Und diese Erkenntnis löste im Prinzip schon den Knoten im Kopf:

Umgehend wollte ich überprüfen, ob das wirklich für mich stimmte: Konnte ein leckeres Essen wirklich dieselbe Zufriedenheit für mich auslösen wie eine halbe Stunde sportliche Betätigung?
Und was glaubt ihr, was mein Versuchsergebnis war? Einfach herrlich: Es stimmte tatsächlich! Beides genieße ich in vollen Zügen!...apropos...": Sonja blickte sich schelmisch um, kramte in ihrer Tasche und holte eine Pausenbox hervor.
„Das ist ja super, das gefällt mir!", meinte ich. „Wie bist du denn dann weiter vorgegangen? Diese plötzliche Erkenntnis muss ja eine Lawine in dir ausgelöst haben, oder?"
„So kann man das formulieren, ja. Aber bevor ich deine Frage beantworte, muss ich vielleicht noch ergänzen, dass ich zu diesem Zeitpunkt noch immer keine Vorsätze bezüglich des Abnehmens gefasst hatte. Ich hatte nur zwei Komponenten meines Lebens neu bewertet und wollte sie von nun an gleichwertig bedienen, um ausgeglichener und in Balance zu leben. Getreu dem Motto 'Entdecke dich neu, erfinde dich neu', war ich plötzlich voller Experimentierfreude und Abenteuerlust!" Sonja biss in ein Radieschen, dann erzählte sie weiter:
„Als Nächstes habe ich mir überlegt, was ich wirklich gerne mag und machen möchte. Mir ging es ja vor allem um eine gesündere und aktivere Lebensweise, also machte ich mich auf die Suche nach einem für mich richtigen Konzept. Aber das war gar nicht so einfach! Überall las ich von Einschränkungen und Verboten, auf die ich so gar keine Lust hatte... Für mich muss generell einfach alles erlaubt sein, ich möchte mit Genuss leben können!

Bei den meisten gängigen Konzepten war mir auch die Ausrichtung viel zu einseitig. Während der Recherche erkannte ich schnell, dass ich mir wohl mein eigenes System zusammenschustern musste.
Ich bin ja von Natur aus schon neugierig und aktiv, und im Gegensatz zu früher wollte ich mich nun diesmal nicht erst ewig analysierend mit der Theorie beschäftigen, ich wollte es einfach ausprobieren! Ich war unheimlich gespannt darauf herauszufinden, was wirklich zu mir passte.
Also suchte ich mir tolle neue Rezepte zusammen, die einigermaßen gesund für mich klangen, kochte jeden Tag ein neues Gericht und eignete mir beim Nachlesen über Lebensmittel so ganz nebenbei recht viel Wissen über ihre Inhalts- und Nähstoffe an. Ich wühlte mich durch Unmengen an Informationen und schrittweise machte mich das schließlich zur Expertin für mein Thema: Ich habe beispielsweise so viele neue Produkte und gesunde natürliche Ersatzstoffe für all die ungesunden künstlich hergestellten Nahrungsmittel entdeckt, dass ich auf die Zusatzstoffe mittlerweile komplett verzichten kann."

„Das ist ja cool... Aber war es nicht ätzend, sich durch die ganze Literatur durch zu graben? Ich stelle mir das ja irrsinnig mühsam vor...", warf Ingrid ein und trommelte wieder mit ihren Fingern auf der Sitzlehne herum.
„Nö, witzigerweise war genau das Gegenteil der Fall. Ursprünglich hatte ich diese Sorge schon auch. Aber dann kam ich z.B. beim Nachlesen im Internet von einem spannenden Text zum anderen und merkte dabei, wie viele interessante Themenbeiträge und Informationsquellen es gibt.

Und auch dem Sportgedanken musste ich für mich nachgehen... das Testergebnis, ihr erinnert euch? Also überlegte ich mir, bei welcher Sportart ich mich bisher am wohlsten gefühlt hatte: Schwimmen, schoss es mir da gleich durch den Kopf!

Anfangs musste ich mich zwar schon überwinden, nach einem langen Tag noch ins Freibad zu fahren, aber als ich mich zum ersten Mal wieder im Wasser bewegte, war das Gefühl einfach überwältigend Ich fühlte mich so frei und leicht. Und schon bald konnte ich gar nicht mehr genug davon bekommen: Immer öfter war ich von da an Gast in meinem Lieblingsbad und schaffte bald schon längere Strecken, was mich nur noch mehr anspornte. Ich beschäftigte mich mit den verschiedenen Schwimmstilen und damit, wie ich meine Bewegungen verbessern konnte. Ich beobachtete aufmerksam die richtig guten Schwimmer neben mir oder ließ mir mal was zeigen und probierte dann immer mehr davon selbst aus. Wenn es mit dem Schwimmen zeitlich mal nicht klappte, dann ging ich zwischendurch spazieren.

Später reizte mich dann auch der Gedanke ans Joggen immer mehr. Anfangs war ich zwar eigentlich noch etwas zu schwer dafür, trotzdem wollte ich es wissen und probierte es aus: Ich hab mir ein tolles Intervall-Trainingsprogramm als App zugelegt und es einfach mal versucht. Der Anfang war natürlich hart und es war auch richtig anstrengend... aber nach jeder Trainingseinheit war ich positiv erschöpft. Das war und ist auch heute noch so ein tolles Gefühl! Mit der Zeit fiel mir das Laufen immer leichter und auch ich selbst wurde messbar leichter. Bald war ich in der Lage, längere Strecken durchzulaufen und die Einheiten des Gehens dazwischen zu verkürzen. Und dann war es

eines Tages soweit: Ich schaffte es, eine halbe Stunde durchzulaufen! Das war der Hammer und ich war so stolz auf mich, denn das hätte ich nie für möglich gehalten..." Sonja strahlte uns an.
„Ja, verstehe ich... Toll!" gratulierte ich ihr.

„Ich war wie infiziert. Je mehr Sport ich machte, je bewusster ich aß, umso mehr purzelten auch die Kilos. Nicht alle auf einmal, ich erlebte auch echte Durststrecken, also Phasen, in denen sich auf der Waage gar nichts bewegte. Und trotzdem hörte ich nicht auf, denn es machte mir Spaß, so zu leben.
Nach und nach nahm ich noch andere Sportarten, wie Yoga, gezieltes Situp- oder Hanteltraining dazu und bis heute nutze ich dafür gerne einige sehr gut gemachte Apps. Mittlerweile habe ich mir damit ein recht abwechslungsreiches Bewegungssortiment zusammengestellt.
So kann ich immer das machen, worauf ich gerade Lust habe oder wofür die Zeit gerade reicht. Grundsätzlich ist es mir sehr wichtig, immer frei entscheiden zu können, was ich wirklich gerade will und brauche und nicht das machen zu müssen, was mir ein einschränkender Trainingsplan vorgibt..."

„Das klingt aber nach viel aktiver Zeit! Da bleibt wohl wenig Zeit zur Erholung, oder täusche ich mich?" fragte Ingrid nachdenklich.

„Na, was glaubst du? Weißt du, für mich sind Bewegung und auch Kochen Entspannung. Wenn ich die Wahl habe, mich abends vor den Fernseher zu setzen und mich berieseln zu lassen, oder eine Sporteinheit einzulegen oder mir auch ein richtig leckeres und gesundes Essen zu kochen, dann ziehe ich gerne das Essen oder auch die Bewegung vor. Oder ich recherchiere im Internet nach neuen Informationen, also z.B. zu Trainingsmethoden oder neuen Rezepten... Grundsätzlich sind mir die aktiven Dinge mittlerweile einfach viel wichtiger!" meinte Sonja und lächelte. „Und ich will es auch genauso, ich lebe auf diese Weise ja meine Grundmotivatoren. Und ja, es stimmt immer noch für mich: Eine Sporteinheit macht mich genauso glücklich wie ein Teller leckere Pasta!"

„Das kenne ich auch!", stimmte ich Sonja zu.
„Seit ich mich darauf konzentriere, was mich *wirklich* erfüllt und von innen heraus motiviert, geht das meiste viel leichter und läuft wie von selbst für mich. Und mit der Bewegung geht es mir ähnlich wie dir, Sonja: Zum Sport braucht mich niemand anzutreiben. Ich mache ihn einfach aus mir selbst heraus. Vielmehr muss ich mich manchmal eher bremsen, damit mein Körper sich zwischendurch auch wieder ausruhen kann..."
„Jaja...", Sonja und ich grinsten uns verschwörerisch an, als ob wir beide die gleichen Gedanken hätten: „... es wird eher zur Sucht, im positiven Sinne!", meinte sie dann.

Ingrid schaute etwas skeptisch von Sonja zu mir und wieder zurück. „Bei euch klingt das ja fast so, als würde wirklich alles von alleine laufen: ohne Hürden, ohne Schwierigkeiten? Ich habe langsam den Eindruck, dass euch vieles, zu dem ich mich immer wieder überreden muss, auch noch Spaß macht. Das kann es doch gar nicht geben, oder!?"

Gekonnt steckte sie sich eine lockere Haarnadel zurück in die freche Frisur: „Also wenn ich jetzt mal beim Sport bleibe... bei mir ist es ungefähr so:
Ich fange immer wieder damit an, halte dann zwei oder drei Wochen durch und dann kommen mir andere Dinge dazwischen: Arbeit, Freunde, Erledigungen... Und von heute auf morgen lasse ich es dann wieder sein, weil ich nicht mehr daran denke. Da ist nichts zu spüren vom 'inneren Antrieb'... höchstens mein schlechtes Gewissen, dass mir sagt „Jetzt musst du aber mal wieder!"

„Machst du denn genau den Sport, der dir wirklich Spaß macht? Und magst du Bewegung überhaupt, oder bewegst du dich nur, weil man das halt so macht und es gut für die Gesundheit sein soll?" fragte ich Ingrid.
„Darüber hab ich noch gar nicht nachgedacht...", überlegte Ingrid, „...aber ich bewege mich prinzipiell schon gerne und ich bin auch im Fitnessstudio angemeldet. Meistens zahle ich aber mehr dafür, als ich es nutze."

„Wolltest du oder willst du drinnen Sport machen? Was hast du als Kind oder Jugendliche eigentlich gerne für Sportarten gemocht? Wann funkelt es denn in deinen Augen, wenn du an Bewegung denkst?", fragte ich sie weiter und ließ nicht locker.

Ingrid schaute erst mich an und dann kurz aus dem Fenster. An ihrem Gesicht konnte ich erkennen, dass sie gerade versuchte, sich zu erinnern. Und dann war es da: Das Blitzen in ihren Augen und ein Schmunzeln um ihre Lippen! Offensichtlich erinnerte sie sich...

„Wenn du mich so fragst... Früher liebte ich es total, mit Freunden Beachvolleyball zu spielen."

Ingrids Gesicht strahlte. „Ich war 15 und meine Freunde und ich trafen uns jeden Tag im Freibad. Wir waren eine Gruppe von zehn Leuten, und Langeweile kam nie auf. Im Freibad gab es mehrere Beachvolleyball-Plätze, und sobald einer frei war, gehörte er uns. Wir spielten oft mehrere Stunden lang. Ich habe das geliebt und freute mich immer darüber, mich dabei so richtig auspowern zu können."

Sie machte eine kurze Pause und in den wenigen Sekunden veränderte sich ihr Gesicht wieder. Resigniert schaute sie uns an:

„Aber das habe ich jetzt schon so lange nicht mehr gemacht, ich kann das mit Sicherheit gar nicht mehr... und außerdem habe ich dafür ja auch überhaupt keine Zeit! Gruppentrainings sind ja mit Sicherheit immer zu bestimmten Zeiten, die ich nach dem zweiten Mal sowieso nicht mehr einhalten kann."

„Also ich stehe gedanklich gerade noch auf dem Volleyballfeld.", griff ich ein. „Weißt du, ich habe das selbst auch mal sehr gerne gespielt. Vor allem die schwierigen Pässe haben mich so sehr gereizt, dass ich gerne mal in den Sand gehechtet bin, um ja den Ball noch zu bekommen... Wie war das denn bei dir? Was gefiel dir am meisten beim Volleyball?"

„Das Zusammenspiel!", kam es von Ingrid wie aus der Pistole geschossen. „Sich aufeinander verlassen zu können und füreinander einzustehen. Es war auch kein Problem, wenn mal was schief ging und ein Pass nicht mehr weiter ging. Wir haben uns im Team gegenseitig motiviert und angefeuert: das war das Allerschönste, das hat mir so viel Spaß gemacht!"

„Nehmen wir einmal an, es gäbe für dich die Möglichkeit, wieder Beachvolleyball spielen zu können. Wie müsste es denn dann für dich sein, damit du wieder dafür zu brennen anfängst?"

„Hmm... mal überlegen." Ingrid formte eine nachdenkliche Schnute mit den Lippen und überlegte dann weiter:

„Also wenn es die Möglichkeit gäbe, sich zwanglos zu treffen, immer dann, wenn es in meinen Terminkalender passen würde, dann würde mir das sehr gefallen. Wenn es ohne dieses wöchentliche Muss ginge, wenn man einfach so mit anderen zusammenspielen könnte, sich austauschen und vielleicht ab und zu danach noch zusammen etwas trinken gehen würde ... das fände ich richtig toll!"

Sie hielt kurz inne und dachte dann laut weiter: „Ich frage mich gerade, ob es nicht Hobbygruppen für Volleyball gibt, in denen sich Menschen treffen, die einfach nur Spaß am Spiel haben. Was meint ihr dazu?"

„Mit Sicherheit. Das gibt es doch auch für Fußball und für Basketball habe ich so was auch schon gehört", schaltete Sonja sich ein.

Ingrid schaute uns immer noch etwas zögerlich an, aber ich konnte erahnen, dass der Gedanke bereits in ihr wuchs. Sie kämpfte innerlich mit sich, ich konnte es an ihrem Gesicht ablesen. Sollte sie sich trauen, diese Gedanken weiterzudenken? Machte es wirklich Sinn? Die Fragen in ihrem Kopf waren fast sichtbar für mich.

„Was braucht es für dich, um genau diese Vision zuzulassen?" fragte ich sie also.

Überrascht sah sie mich an, als hätte ich tatsächlich ihre Gedanken gelesen... Nach einer kleinen Schrecksekunde meinte sie: „Wahrscheinlich muss ich mir wohl selbst die Erlaubnis dafür geben."

„Also Ingrid, was hältst du davon, wollen wir das einfach mal durchspielen, nur so als Träumerei? Würde dir das helfen?" fragte ich sie weiter.
„Ja gern, probieren können wir es."
Sie wiederholte noch einmal: „Wenn es eine Möglichkeit gäbe, dann Volleyball zu spielen, wenn ich Lust dazu habe und wenn die anderen auch Rücksicht darauf nehmen würden, dass ich schon so lange nicht mehr gespielt habe: dann würde ich es auf jeden Fall ausprobieren!"
„Und dann?" , hakte ich nach.
Ingrid schaute mich fragend an: „Wie, und dann?"
„Na, was ist, wenn du dort warst und dir die Gruppe auch noch Spaß macht? Wenn du dort nette Leute triffst, mit denen du dich verstehst? Was ist dann?"
Ingrid guckte mich noch immer leicht verwirrt an...

„Ach, weißt du was, ich spinne den Gedanken mal noch ein Stückchen weiter, gehst du mit?"
Ingrid nickte nur.

„Was verändert sich für dich, wenn du sogar noch Stück für Stück wieder mehr in das Spiel hineinfinden würdest? Und auch erste Punkte für deine Mannschaft erzieltest? Was dann?" fragte ich sie weiter.
Sie wirkte immer noch zögerlich. Vielleicht zweifelte sie ein wenig an der Ernsthaftigkeit meiner Fragen. Aber dann zog sich auf einmal ein erhelltes Lächeln

um ihre Lippen. Sie hatte meinen Gedankenweg verstanden...

„Na, dann würde ich wahrscheinlich öfter zu der Gruppe gehen und wenn es mir so richtig gut gefiele, würde ich es immer regelmäßiger machen."

„Und was ist mit dem Tritt in den Hintern?" fragte ich noch weiter und zwinkerte ihr zu.

Ingrid lachte: „Den würde ich ja dann wahrscheinlich nicht mehr brauchen, denn es macht ja Spaß!"

Nach einem kurzen Moment meinte sie dann zu Sonja und mir: „Ok, jetzt verstehe ich es. Ihr konzentriert euch beide darauf, was euch wirklich begeistert und motiviert und dann kommt der Rest von alleine."

„Genau!", antworteten Sonja und ich wie aus einem Munde und wir fingen alle drei an, zu lachen.

Das Wetter draußen war wirklich herrlich heute und so schauten wir einige Zeit in den sonnigen Himmel und auf die satten grünen Farben der Landschaft, die an uns vorbeiraste.

„Das kann ich ja dann auch auf andere Bereiche anwenden, oder?" stellte Ingrid eine weitere Frage in den Raum. „Aber so einfach wie mit dem Volleyball spielen wird es nicht immer sein, hm? Wer garantiert mir, dass ich dann auch dabei bleibe?", fügte sie hinzu.

„Nein, natürlich ist das nicht immer so einfach. Manche Antworten brauchen schon länger. Und das ist auch gut so, denn während die Gedanken langsam reifen, tun sich oft noch weitere Blickwinkel und Möglichkeiten auf. Zumindest zeigt mir das meine Erfahrung", meinte Sonja.

Ich war absolut einer Meinung mit ihr: „Ja, das kann ich nur unterstreichen. Für mich sind die ersten '*Impulse*' dazu da, überhaupt erst einmal in Bewegung zu kommen. Danach geht es ums Ausprobieren...
Ich finde es wichtig zu erkennen, was und auch warum ich etwas machen möchte. Der Rest ergibt sich auf dem Weg.", ergänzte ich. „Wenn ihr wollt, hätte ich da ein ganz gutes Beispiel dafür, wie sich die Ausrichtung ändern kann, obwohl der Anfangsgedanke der gleiche geblieben ist."
Interessiert sahen mich die beiden an.

„Es hängt mit meinem beruflichen Weg zusammen: Ich wollte schon immer etwas Größeres erreichen und damit etwas in der Welt verändern bzw. einfach so viel Gutes wie möglich hinterlassen. Ich stellte mir vor, wie Menschen später vielleicht sogar in Geschichtsbüchern oder etwa in Werken zur Wirtschaftstheorie über meine Ideen nachlesen würden. Dort sollte einfach stehen, wie ich dazu beigetragen habe, ein Stückchen in dieser Welt in Bewegung zu bringen. Und natürlich fragte ich mich lange erst einmal, was das denn konkret sein könnte...
Meine eigenen Erfahrungen und all mein Wissen, das ich über die Jahre angesammelt hatte, wollte ich zusammentragen, um daraus neue Wege aufzeigen zu können, besonders natürlich in meinem Fachgebiet, also in den Bereichen Wirtschaft, Personalwesen und Coaching. Fächerübergreifend sollten meine Ideen, Arbeitsansätze und neuen Wege vor allem sein!
Dass es möglich ist, eingefahrene Ansätze und Muster zu verändern, wusste ich ja inzwischen von mir selbst: Aber wie sollte ich diese Gedanken in die (Arbeits-) Welt hinaustragen? Wie würde man mir zuhören?

Dann dachte ich darüber nach, welche klassischen Karrierewege sich dazu anbieten würden: In einer Doktorarbeit sah ich schließlich die Möglichkeit, mir ausreichend Expertenwissen anzueignen und außerdem mein Vorhaben mit Expertenstatus und der damit verbundenen Anerkennung zu unterstreichen. Die Möglichkeit zu promovieren, wäre mir offen gestanden. Ich gab auch selbst bereits Seminare, u.a. an Hochschulen, und fühlte mich immer sehr wohl in der Interaktion mit den Studenten. Generell schien mir das Promovieren also ein abgerundeter und vernünftiger Weg für mich zu sein.
Meinen Recherchen zufolge gab es die Möglichkeit eines praktischen Doktorratsstudiums im Ausland, das mir vor allem wegen des internationalen Aspekts sehr gut gefallen hätte. Voller Elan meldete ich mich also für einen international anerkannten Englisch-Test an, den ich dafür benötigt hätte und büffelte täglich intensiv dafür... am Ende erreichte ich dort sogar ein sehr gutes Ergebnis: viel besser, als ich es erwartet hatte!

Trotzdem spürte ich innerlich bereits wie zäh und mühsam alles voran ging. In einem Beratungsgespräch, das ich mit meinem ehemaligen Hochschulprofessor geführt hatte, wurde mir dann klar: Ich brauche für diesen Weg eine hundertprozentige Motivation von innen heraus. Ist die nicht vorhanden, sollte ich lieber die Finger davon lassen.
Eine Zeit lang verfolgte ich meine Bemühungen dennoch weiter, erzählte sogar schon einigen Menschen in meiner Umgebung davon und erntete viel Begeisterung für diese Idee. Dann fand ich bei weiteren Recherchen heraus, dass ich in Deutschland mit meinem Fachhochschul-Studienabschluss die Zulas-

sungskriterien für ein Doktoratsstudium nicht erfüllte, die Auslandspläne aber erhebliche Mehrkosten für mich bedeutet hätten. Ich überlegte hin und her, wie sich das finanzieren ließe, doch langsam beschlich mich ein ganz anderer Gedanke:
Warum willst du eigentlich so viel Geld ausgeben? Das Wissen, um das es dir ja vorrangig geht, kannst du dir auch ohne Doktorarbeit aneignen! Du kannst es sogar bei deiner Arbeit ganz praktisch ausprobieren und überprüfen und somit deine eigenen Recherchen und Studien vorantreiben."
Ingrid und Sonja nickten mir zu: „Gute Idee!"

„Je mehr ich also darüber nachdachte, desto mehr wurden mir auch die Einschränkungen bewusst, die ein solches Studium mit sich gebracht hätte: ich sah etliche Strukturen und Vorgaben auf mich zukommen, die meine freien Gedanken und auch meine inzwischen recht freiheitsliebende Arbeitsweise wieder enorm eingegrenzt hätten. Das passte mit meinem *Antreiber Freiheit* also gar nicht mehr zusammen. Und so ging ich noch einen Schritt weiter:
Vielleicht ist es ja viel mehr mein Weg, mir Menschen zu suchen, mit denen gemeinsam ich meine Ideen im Austausch entwickeln und vorantreiben könnte? Gleichgesinnte, die mit mir zusammen neue Wege und Herangehensweisen entdecken und entwickeln würden. Der Gedanke gefiel mir immer besser...
So initiierte ich den Austausch mit fachlich ähnlich orientierten Kollegen, die mit mir den Wunsch teilten, neue Wege zu beschreiten. Rund um das Kernthema "Potenziale" entwickeln wir seither Ideen, wie wir Anstifter für Andere werden können, d.h. wir möchten Wege aufzeigen zum Thema:

Wie kann man seine eigenen Motivatoren erkennen, seine Potenziale entdecken und dadurch den Mehrwert in seinem Leben finden?

Eigentlich ist es ja genau das, was ich persönlich bereits täglich für mich umsetze. So betrachtet bin ich also längst selbst Experte für mein berufliches Thema geworden. In der Interaktion mit anderen kann ich viele Rahmenbedingungen für meine Arbeit selbst bestimmen oder mitbestimmen. Und das Beste für mich ist, dass in diese Arbeitsweise alle meine *'Antreiber'* mit einfließen: Freiheit, Gestaltung, Neugierde und Aktivität.
Ziemlich genau 9 Monate liegen zwischen meinen ersten persönlichen Veränderungswünschen und der Umsetzung dieser Ideen. Der Grundgedanke dabei ist geblieben: Überzeugen durch bewusstes Vorleben meiner eigenen Thesen!" Ich lächelte, als ich fertig war.
Sonja und Ingrid hatten jedem meiner Worte gespannt gelauscht.
„Krass.", meinte Ingrid nur.

Nach einer kurzen Pause wandte ich mich dann noch einmal an sie:
„Und wegen der Garantie, Ingrid: Meiner Meinung nach sind wir immer nur Garanten für uns selbst, also eigenverantwortlich, egal wofür wir uns entscheiden, was wir sagen oder was wir tun. Aber das Schöne ist, wir können uns immer wieder neu entscheiden. Nur weil wir einmal etwas festgelegt haben und uns einmal entschieden haben, in eine bestimmte Richtung zu laufen, bedeutet es nicht, dass wir uns nicht immer wieder neu entscheiden können und auch dürfen.

Denn es bleibt ja nichts starr, es ist immer alles in Bewegung. Wir bekommen neue Informationen, Lebensumstände ändern sich, wir verändern unseren eigenen Blickwinkel auf uns und die Welt. Wir setzen uns neue Ziele, es ergeben sich neue Möglichkeiten. Angesichts all dieser Bewegung dürfen sich Gedanken schon mal neu ausrichten. Aber auch diese Erlaubnis gilt es, sich immer wieder aufs Neue zu geben, verstehst du?"

„Ja, das finde ich schön! Damit hatte und habe ich auch heute immer wieder noch zu kämpfen.", schaltete sich Sonja leise ein.
„Ja, das glaube ich dir, ich muss es mir auch immer wieder neu in Erinnerung rufen.", gab ich ihr zur Antwort. „Viel Freiheit bedeutet eben auch viel Verantwortung."
Gleichzeitig wurde mir klar, dass Sonja und ich anscheinend viele ähnliche Erfahrungen gemacht haben mussten. Ich nahm mir vor, mir später unbedingt ihre Kontaktdaten geben zu lassen.

Ingrid beobachtete uns eine Weile. Dann fragte sie: „Was war denn eigentlich das Härteste an all dem Neuen?"

Sonja und ich wechselten Blicke mit der Frage, wer als erstes antworten wollte. Sie nickte mir zu und ich fing an:
„Für mich war das Härteste, mir einzugestehen, dass ich mein neues Wertesystem, mein neues Leben wirklich genau so will und nun auch wirklich den Mut aufbringen muss, das in letzter Instanz mit allen Konsequenzen umzusetzen und durchzuziehen.

Das bedeutete für mich persönlich u.a. auch Veränderungen in der Familie, im Privatleben und im Freundeskreis, einen neuen Wohnort und die Neuausrichtung meiner täglichen Arbeit in Kauf zu nehmen. Bei manchen Dingen musste ich wirklich wieder bei null anfangen. Dass ich das schließlich auch geschafft habe, wurde mir aber erst viel später bewusst.
Mit den ersten Veränderungen haben sich auch viele meiner täglichen Gewohnheiten geändert, nur wenig ist gleich geblieben, so z.B. ganz simpel der Ablauf meines Alltags, der seither wieder regelmäßig mit meinem geliebten Morgencafé im Bett beginnen kann. Ich genieße das jeden Tag!", grinste ich über beide Ohren.

„Puh, alles so durchzuziehen... Bedeutet das, dass es bis zu dem Punkt der Entscheidung schwierig war und dann plötzlich alles leicht wurde und es einfach lief?" fragte Ingrid weiter.

„Naja, nicht ganz. So hatte ich mir das am Anfang auch gedacht. Ich hatte alles in die Tat umgesetzt, hatte meinen Umzug organisiert, die neue Wohnung eingerichtet, erste lang vernachlässigte Kontakte wieder reaktiviert und für mich war klar: Jetzt passt alles und ich kann so richtig durchstarten!
Und die erste Zeit war auch super. Ich war in Aufbruchsstimmung und alles war im Fluss. Es fühlte sich richtig gut an. Ich war überzeugt: So bleibt es jetzt, diese Lebensprüfung habe ich bestanden. Ich war so voller Energie, dass mir meinem Gefühl nach sowieso nichts und niemand etwas hätte anhaben können. Bis ich dann doch auf die ersten Widerstände stieß..."

„Kamen dir dann Zweifel an deiner Entscheidung?" wollte Ingrid wissen.

„Nein, Zweifel hatte ich nicht, aber ich merkte, dass es ganz so einfach doch nicht werden bzw. bleiben würde. Was ich zu diesem Zeitpunkt noch nicht verstanden hatte, war, dass ich mit all meinen Neuerungen auch viele weitere neue *'Change-Kurven'* eingeleitet hatte, die ich nun wieder komplett neu durchlaufen musste."
„Was meinst du denn mit Change-Kurven?", fragte Sonja dazwischen.
„Ach so... Damit meine ich die unterschiedlichen Phasen einer Veränderung, abgeleitet aus der Chaos-Theorie. Im Coaching arbeite ich sehr gerne damit."
Ingrid und Sonja sahen mich immer noch mit 1000 Fragezeichen über den Köpfen an.
„Wartet mal, ich mal Euch einfach so eine *'Change-Kurve'* auf. Dann kann ich das besser erklären.", sagte ich und zog einen weißen Zettel aus meinem Notizbuch hervor.

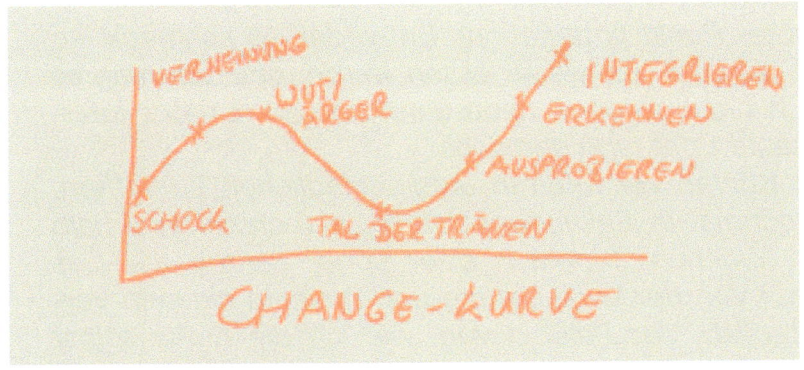

„Mit jeder Veränderung, ist sie auch noch so klein, stoßen wir grundsätzlich eine 'Change-Kurve' an. Das passiert bei jedem von uns jeweils in unterschiedlicher Ausprägung. Ich nehme mal ein banales Beispiel:
Angenommen, ich bekomme beim Italiener meine Lieblingspizza nicht. Gedanklich war ich schon darauf eingestellt und habe mich vielleicht schon den ganzen Tag darauf gefreut... und dann gibt es sie nicht: Rucola mit Parmaschinken ist aus! Und dann geht die 'Change-Kurve' auch schon los...
Erster Punkt: Schock.
Zweiter Punkt: Verneinung. Das gibt es doch jetzt nicht!
Dritter Punkt (Ärger/ Wut): Was ist das denn für ein Italiener, dass er meine Lieblingspizza nicht hat, die hat doch jeder! Ich hatte mich doch schon so darauf gefreut!
Vierter Punkt (Tal der Tränen): Was soll ich denn jetzt bloß essen?
Fünfter Punkt (Ausprobieren): Ich könnte endlich mal was anderes ausprobieren, ich esse ja doch meistens das Gleiche. Ich schaue mir die Karte mal in Ruhe an.
Sechster Punkt (Erkennen): Das Gericht Nr. 30 klingt auch super, das probiere ich jetzt aus.

Siebter Punkt (Integration): Entweder, es schmeckt so gut, dass ich es wieder essen werde, oder ich mag es doch nicht so gern, habe dann aber eine neue, interessante Erfahrung gemacht.
Die Kurven verlaufen in unterschiedlichen Zeitraffern, manchmal in Sekundenschnelle, manchmal innerhalb von Wochen, Monaten oder sogar Jahren ab. Das hängt von der Veränderung und meinem eigenen Verhalten ab, das heißt davon, wie ich die Kurve selbst vorantreibe.
Prinzipiell durchlaufen wir die 'Change-Kurve' mit jedem neuen Gedanken, jeder Idee und jedem neuen Anstoß, ob aus eigenem Antrieb heraus oder weil wir von jemand anderem dazu gebracht werden."

„Das ist ja spannend!", fand Ingrid. „Und wie war das dann bei deinen Neuanfängen? Du meintest ja gerade, dass du damit wieder eine neue Kurve angestoßen hattest."
„Haha, ja, *eine* Kurve wäre super und einfach gewesen. Sorry, darüber muss ich jetzt doch lachen... Nein, mit meinen Änderungen habe ich gefühlt etwa tausend Kurven gleichzeitig angestoßen. Sie verliefen dann meist parallel, in unterschiedlichen Zeitverläufen und unterschiedlichen Ausprägungen. Aber angestoßen habe ich sie meist selbst."
„Bildlich kann man sich das vielleicht so vorstellen...", sagte ich und malte mehrere Kurven vereinfacht dargestellt auf meinen Zettel.

„Und wie war das dann? Wie lange hat es gedauert?" Ingrid schaute mich total gespannt an.

„Nach dem großen Hoch ging es erst einmal wieder in Richtung Tal. Langsam kamen doch Zweifel und Ängste in mir hoch. Da ich für mich extrem große Veränderungen angestoßen hatte, waren auch die Ausprägungen der 'Change-Kurven' sehr extrem.

Eine Zeit lang ging es mir sogar richtig schlecht. Ich war unsicher, hatte sogar kleine Panikattacken, was ich sonst gar nicht kannte von mir. Normalerweise bleibe ich sogar in Extremsituationen sehr gefasst und bewahre einen klaren Kopf. Aber hier gelang es mir nicht und das verstärkte mein Unsicherheitsgefühl noch mehr."

Sonja beugte sich zu mir nach vorne: „Oh je... wie genau hat sich denn das geäußert?"

„Zum Beispiel traf ich eines Tages beim spazieren gehen, ich hatte mich auf dem Weg schon verlaufen, auf einen Hund. Der wollte ganz sicher nur mit mir spielen, aber mein Nervenkostüm lag in diesem Moment so blank, dass ich echt richtig Angst bekam...

Ich wollte nur noch zurück nach Hause. Aber den richtigen Weg musste ich ja auch erst wieder finden und... ach, ich sollte einfach nicht immer kreuz und quer durch den Wald laufen...", grinste ich. „Jedenfalls hat es danach noch gut zwei Stunden gedauert, bis die Angst wirklich nachgelassen hat.
Es gab auch Tage, da habe ich nur Kleinigkeiten geschafft. Schon nach zwei oder drei Handgriffen war ich erschöpft. Mir wurde langsam bewusst, dass ich mich jetzt erst einmal um mich selbst kümmern, mich wieder stärken musste. Ich konzentrierte mich darauf, Dinge zu tun, die mir gut tun, die mich kräftigen... und stellte alles andere erst einmal zurück.
Für mich war es ein großer Lernprozess, meine Grenzen anzuerkennen und mich auf diese Situationen wirklich einzulassen. Mal nicht mit dem Kopf durch die Wand zu gehen, sondern mir das zu geben, was ich in diesem Moment tatsächlich brauchte. Dazu gehörte auch, mir darüber im Klaren zu werden, dass Phasen, in denen es mir schlecht geht, dazugehören und schließlich auch, mich darauf einzulassen und demnach zu handeln. Mir die Zeit zu geben, wirklich alles sacken zu lassen und zu verarbeiten, war sehr wichtig für mich."

„Das klingt ja, als wäre es manchmal wirklich richtig hart für dich gewesen.", meinte Ingrid nachdenklich.

„Ja, das war es auch. Aber aus meiner heutigen Perspektive heraus haben mich diese Erfahrungen innerlich so viel stärker gemacht... ganz im positiven Sinne. So manche äußere Schutzhülle brauche ich jetzt gar nicht mehr.", gab ich ihr zur Antwort.

„Und wie hast du es geschafft, da wieder herauszukommen?", fragte Sonja weiter nach. In ihren Augen konnte ich sehen, wie gespannt sie darauf war, wie ich mit den Schwierigkeiten umgegangen war.

„Es hat gedauert. Dazu kam, dass ich eine Weile immer nur auf die Dinge geschaut hatte, die nicht funktionierten. Ich war eigentlich nur darauf konzentriert, was ich noch nicht richtig geschafft und umgesetzt hatte. Dann bekam ich eines Abends während eines Telefonats mit meiner besten Freundin einen guten Impuls:

„Mädel, du musst deine Bühnenbeleuchtung neu ausrichten!", sagte sie mir.
„Meine was?" meinte ich.
„Na ja, schau dir doch einmal die Dinge an, die du allein in den letzten Monaten geschafft hast. Konzentriere dich doch nicht nur auf das, was vermeintlich nicht funktioniert."

...das gab mir zu denken. Es erinnerte mich an eine Geschichte von einem Mönch, die ich kurz zuvor gelesen hatte:

Ein Mönch hatte in seinem Kloster eine Mauer zu bauen. Er gab sich die größte Mühe, alle 1000 Steine die dafür nötig waren, gerade und gleichmäßig aufeinander zu setzen. Als die Mauer schließlich fertig war, trat er voller Stolz zurück, um sein Werk zu begutachten.
Da sah er plötzlich, das durfte doch nicht wahr sein, dass zwei Backsteine schief in der Mauer saßen! Ein grauenhafter Anblick...

Eines Tages fiel der Blick eines Gastes auf das Mauerwerk. „Das ist aber eine schöne Mauer!" bemerkte er.
„Mein Herr", erwiderte der Mönch überrascht, „haben Sie etwa einen Sehfehler? Fallen Ihnen denn nicht die beiden schiefen Backsteine auf?"
Aber die folgenden Worte seines Gastes veränderten die Einstellung des Mönchs zu seiner Mauer, zu sich selbst und zu vielen anderen Aspekten seines Lebens:
„Ja", sagte der Gast, „ich sehe die beiden mangelhaften Backsteine. Aber ich sehe auch 998 gut eingesetzte Steine."
Der Mönch war überwältigt! Zum ersten Mal sah er neben den beiden mangelhaften Backsteinen auch die vielen anderen Backsteine. Sie waren perfekt eingesetzt. Bis dahin hatte sich der Mönch nur auf seine Fehler konzentriert und war allem anderen gegenüber blind gewesen. Doch nun fand er seine Mauer gar nicht mehr grauenvoll.

(Ajahn Brahm)

„Der Gedanke an die *'Erfolgsmauer'* brachte mich schließlich dazu, mir ein Blatt Papier zu schnappen und aufzuschreiben, was ich bereits vor meiner Veränderung alles geschafft hatte.", erzählte ich weiter.
Auf der anderen Seite notierte ich, was ich seitdem alles gemacht und umgesetzt hatte. Die zwei Seiten waren schnell voll. Schließlich folgte ich dem inneren Impuls, mir meine eigenen Erfolge laut vorzulesen. Ab ungefähr der Hälfte wurde meine Stimme brüchig und meine Tränen flossen, aber ich habe bis zum letzten Erfolgspunkt laut weitergelesen. Dann fragte ich mich: Wie würdest du wohl reagieren, Nadja, wenn dir eine

andere Person diese Erfolgserlebnisse erzählen würde?
Dabei kamen mir spontan drei Antworten in den Sinn: „Respekt!", „Du spinnst!" und „Ich schicke dich jetzt erst einmal für ein Jahr in den Urlaub!"
Sonja und Ingrid waren ganz still geworden.

„Wisst ihr, das war wirklich Balsam für meine Seele. Mir sind dadurch noch mal etliche Steine vom Herzen gefallen. Es war, als hätte sich mein Blickwinkel dadurch noch einmal neu ausgerichtet."
Sonja reagierte als Erste: „Uuh, ich habe Gänsehaut bekommen...! Danke für Deine Offenheit, Nadja. Du hast wirklich sehr viel an dir gearbeitet."
„Krass.", meinte Ingrid schon wieder. Irgendwie schien sie diesen Ausdruck besonders zu mögen...
Den anderen beiden schien das in diesem Moment auch aufgefallen zu sein und so grinsten wir uns recht breit an...

Schließlich legten wir eine kurze Pause ein. Was ich da so offen erzählt hatte, musste vermutlich erst einmal sacken...
Ingrid führte ein kurzes geschäftliches Telefonat und Sonja verschwand zur Toilette. Als sie mit gerümpfter Nase wieder kam, fragte sie mich:
„Wie ging es denn dann weiter für dich?"

„Naja, der innere Druck war weg und das von früher noch altbekannte 'ich muss dies, ich muss das' plötzlich auch. Ich muss gar nichts, wusste ich plötzlich! Und nach ein wenig Grübeln fügte ich hinzu: „Doch, ich denke, ich kann wirklich stolz auf das sein, was ich geschafft habe, und ich finde, ich darf mir jetzt auch

die Zeit nehmen, um mich neu in meinem neuen Leben einzurichten. Ich denke ich habe jetzt begriffen, dass ich nicht immer auf 150-200 Prozent laufen muss und kann. Wenn ich im Flow bin, bei der Arbeit oder auch privat, wenn alles aus meinen eigenen *'Antreibern'* heraus kommt, dann ist Höchstgeschwindigkeit immer noch ok und erwünscht für mich. Aber im Gegenzug dazu darf und soll danach auch mal wieder Ruhe einkehren.", erklärte ich.
Nachdem wir gekühlte Wasserflaschen beim Bordservice erstanden hatten, ergänzte ich noch:
„Nach diesen ganzen Erkenntnissen und Einsichten hatte ich mir dann selbst erst mal ein Jahr Urlaub gegeben. Es waren erst vier Monate seit dem Startpunkt meiner Veränderung vergangen. Wenn ihr so wollt, war ich wie eine kleine Pflanze mit ganz wenigen Wurzeln, die ich in einen viel zu großen Topf umgesetzt hatte. Ich musste mich also erst noch darin entwickeln und neue, feste Wurzeln ausbilden..., schaut mal, so etwa...", und ich kritzelte weiter auf meinen Zettel:

„…und allein dieser Perspektivenwechsel, der Blick von draußen auf das 'kleine Pflänzchen', hat meine Wurzeln schon ein wenig weiter wachsen lassen. Also habe ich mich erst einmal darauf konzentriert, dass ich als Pflanze wieder groß und stark werden kann.", fügte ich hinzu.

„Was hast du denn da konkret gemacht? Ich meine, wie hast du deine Kraft wieder zurückbekommen? Ich glaube, ich kenne solche Momente in anderer Art und Weise und deshalb interessiert es mich besonders, wie du das geschafft hast." fragte Sonja.

„Für mich war, wie schon gesagt, Bewegung eine wichtige Kraftquelle, außerdem die Natur: Ich war sehr viel in den Bergen unterwegs und habe einige Gipfelwanderungen gemacht. Ich gehe gerne alleine auf Berge und finde dabei viel Zeit zum Nachdenken und dafür, meinen Gedanken freien Lauf zu lassen. Dann reflektiere ich gerne darüber:
Wo stehe ich gerade? Welche Wege gibt es überhaupt? Welcher davon passt zu mir? Welchen kann

ich bewältigen? Und noch viel wichtiger: Welchen will ich tatsächlich gehen?

Mein Leben mit dem Wandern zu vergleichen, passt auch deshalb so gut für mich, weil ich die Dinge, die ich bei meinen Bergtouren lerne, auch in vielen Lebensbereichen erkennen und umsetzen kann...

Denn auch beim Wandern ist nicht jeder Weg immer sofort erkennbar und dann ist es wichtig, erst einmal stehen zu bleiben und sich zu orientieren und genau hinzusehen, wo es wirklich weiter geht. Oder es gibt Weggabelungen, die in unterschiedliche Richtungen weiterführen und dann steht man vor der Entscheidung: Wo will ich jetzt weitergehen?

Und natürlich habe ich mich auch schon mal verlaufen und musste mir erst wieder den Weg auf den Hauptweg zurück bahnen: auch über einige Hindernisse hinweg oder Stellen, die mich echt herausgefordert haben, z.B. weil ein Abhang nach unten viel steiler wirkte, als er nach oben war.

Oft erlebe ich es auch, dass der Weg nach oben ganz plötzlich zu enden scheint, zumindest auf den ersten Blick:

Dann gehe ich ein paar Schritte weiter und auf einmal sehe ich dann den Weg wieder ewig weit und offen vor mir, oder mir eröffnet sich vielleicht sogar eine komplett neue Landschaft.... Man muss es nur probieren! Ich sehe da ein große Parallele zu Lebenswegen, wisst ihr?!", strahlte ich die anderen beiden an und sah auch schon die Zustimmung in den beiden Gesichtern mir gegenüber.

„Aber das wichtigste für mich war wirklich, mir Zeit zu geben." fügte ich noch hinzu.

„...sich Zeit geben, ja... das musste ich auch erst noch lernen. Es ist so wichtig, sich nicht ständig selbst unter Druck zu setzen. Schön zu hören, dass das bei dir genauso war.", freute sich Sonja.

„Wie hast du das eigentlich mit deinem Job gemacht?" fragte Ingrid dann nach.

„Ich hatte ja schon länger eine Auszeit geplant gehabt... ganz so, als hätte ich geahnt, dass ich sie bald brauchen würde... Seit einigen Jahren bin ich beruflich selbständig, daher konnte ich mir diese Auszeit selbst einrichten: Soweit es möglich war, habe ich kleinere Aufträge weiter gemacht, neue große Projekte habe ich zu dem Zeitpunkt nicht mehr angenommen."

„Dann ging es bei dir ja doch relativ einfach. Bei mir wäre das nicht so einfach möglich, mal eben eine Auszeit zu nehmen! Ich denke, da geht es sogar vielen anderen genauso. Ich kann mir auch gar nicht vorstellen, dass mein Chef da mitspielen würde...", gab Ingrid zu bedenken.

„Stimmt, auf den ersten Blick sieht das wohl so aus, als wäre es ganz einfach für mich gewesen. Aber trotzdem musste ich auch lange im Voraus planen, denn wenn ich nicht arbeite, verdiene ich auch kein Geld. Als Selbständige habe ich zudem nicht die Sicherheit, nach der Auszeit einfach so wieder an meinen Arbeitsplatz zurückkehren zu können. Nichtsdestotrotz hätte mich eine andere Arbeitsumgebung wohl kaum von meinen Änderungen abgehalten. Ich hätte es wahrscheinlich nur anders organisiert.
Seinen *'Motivationen'*, den sogenannten *'Antreibern'* und dem zu folgen, was man wirklich möchte, finde

ich einfach viel zu wichtig, um es an irgendetwas anderem scheitern zu lassen. Es geht ja auch nicht immer darum, alles grundsätzlich und von jetzt auf gleich um 180 Grad ins Gegenteil zu verkehren: Eher darum, die Dinge, die einem bewusst Spaß machen, Stück für Stück in das eigene Leben zu integrieren.
Natürlich können dabei auch härtere Einschnitte entstehen, aber ob man das möchte und dazu bereit ist, das entscheidet man schlussendlich selbst."

„Mhm, das klingt machbar und logisch.", meinte Ingrid. Man konnte ihr immer noch das angestrengte Nachdenken ansehen...

Wir erreichten einen weiteren Zwischenstopp. Ich wusste gar nicht mehr, wo wir waren, so sehr war ich in das Gespräch mit Sonja und Ingrid vertieft. Ich schaute aus dem Fenster: wir mussten einen größeren Bahnhof erreicht haben, denn der Zug war direkt in eine Halle hineingefahren.
Einige Passagiere aus unserem Wagen stiegen hier aus und neue, die hinzukamen, verstauten ganz geschäftig ihre Koffer und Taschen, bevor sie sich setzten. Manche wirkten genervt, weil schon etliche Leute in den Gängen standen und es ihnen zu langsam ging. Einer telefonierte so lautstark, dass sich die umsitzenden Reisenden nach ihm umdrehten. Den Telefonierer störte das nicht, er kommunizierte einfach temperamentvoll weiter... italienisch, wenn ich es richtig zuordnen konnte.
Dann macht sich mein Magen knurrend bemerkbar und ich hole mir das belegte Baguette, das ich mir vor der Abreise noch schnell gekauft hatte, aus meiner

Tasche. Es war reichlich belegt und schmeckte richtig gut!
Und endlich ertönte der Pfiff, der die Abfahrt ankündigte, die Türen schlossen sich. Einige Augenblicke später setzte sich der Zug wieder in Bewegung. Langsam kehrte etwas mehr Ruhe im Zug ein und auch ich kehrte mit meiner Aufmerksamkeit zurück zu meinen beiden Gesprächspartnerinnen:

„Das war jetzt aber wirklich genug von mir. Wie war es denn bei dir, Sonja, du hast ja auch eine große Veränderung hinter dir: Wann war es denn für dich am härtesten?" fragte ich sie.

„Gute Frage.", meinte die und wiegte den Kopf hin und her. „Ich habe das während deiner Erzählung schon die ganze Zeit mitgedacht... Ich muss sagen, dass es gerade jetzt zum Schluss richtig spannend für mich wird, denn für mich reift gerade die Erkenntnis, dass, egal was ich mache, es immer mein eigenes Leben ist, mit meinen eigenen Entscheidungen. Punkt. Und, dass ich in letzter Konsequenz keine Rücksicht darauf nehmen bzw. mir Gedanken machen muss, was andere Personen, sei es Familie, Freunde oder andere davon halten, solange ich nur selbst dazu stehe."

„Das hat jetzt aber gar nichts mehr mit dem Abnehmen zu tun, oder?" wandte Ingrid umgehend ein.

„Doch... eigentlich schon. Was das Essen betrifft und auch die Bewegung, so hatte ich ja ganz viele Gewohnheiten aus der Familie einfach so übernommen, habe ich ja eingangs schon angedeutet. Kom-

men wir also beispielsweise noch einmal auf das Backen zurück: Aus Tradition wurde jeden Samstag Kuchen gebacken. Zu Hause in der großen Familie und später auch bei mir zu Hause in meinem Singlehaushalt. Naja... und man muss nicht gut rechnen können, um zu erkennen, wie sich die Kalorien eines Kuchens einmal auf sieben Personen und einmal auf eine Person verteilen...", Sonja verzog das Gesicht mit einem Kopfschütteln.
Ingrid und ich lachten laut auf.
„Ja lacht nur, aber bei solchen Sachen mal wirklich genau hinzuschauen und selbst zu definieren, wie ich künftig neue Traditionen für mich schaffen kann, war ein großer Schritt für mich. Trotzdem müsst ihr wissen: Mir ging es nie darum, einen Schuldigen zu suchen, sondern darum, die Verantwortung für mein eigenes Leben und Handeln zu übernehmen. Klar, es wäre leichter gewesen, zu sagen „ich bin ja so erzogen worden, kann also nichts dafür", aber ab einem gewissen Alter entscheiden wir doch alle selbst, wie wir uns kleiden, pflegen, bewegen und natürlich auch wie wir uns ernähren, oder? Diese Entscheidungen kann ja nur ich selbst treffen, sonst niemand!
In diesem Zusammenhang fand ich übrigens deine Aussage vorhin so schön, Nadja, als du meintest, dass wir die getroffenen Entscheidungen und Wege immer wieder neu festlegen können. Das kann ich heute auch für mich so sagen. Und es hat mir dabei geholfen, meine früheren Muster noch einmal etwas genauer unter die Lupe zu nehmen. Unter anderem habe ich mir dazu Inspiration aus einem Buch von R. Göckel geholt. Sie schlägt darin vor, eine Gewichtskurve zu zeichnen: Man macht also von der Geburt bis heute an allen wichtigen Lebensstationen einen

ungefähren Gewichtsmarker. Das war sehr nützlich für mich, denn es hat mir gezeigt, wie meine vorhergehenden Abnehmversuche in Zusammenhang mit bestimmten Lebensstationen standen bzw. gab es mir vor allem Aufschluss darüber, warum ich dann doch immer wieder von meinen guten Vorsätzen abgewichen war. Und wenn man diese Muster erst einmal kennt, kann man rechtzeitig vorbauen...
Als mir dann meine Verhaltensmuster schon recht klar waren, wusste ich auch genau, wann und immer öfter auch warum ich mich 'falsch' ernährte oder zu wenig Bewegung hatte... Dazu hatte ich inzwischen bereits Wege gefunden, die ich nehmen konnte, um mich immer wieder in eine gesündere Balance zu bringen und trotzdem: die Wege dorthin konnten nicht immer stur die gleichen für mich sein. Immer wieder musste ich hier und da nachjustieren oder für Abwechslung sorgen. Sonst hätte ich dieses Ergebnis sicher nie erreicht. Wahrscheinlich hätte ich sogar recht bald aufgegeben...", meinte sie.

Ingrid blies sich ein Haar aus dem Gesicht: „Phu ja, ich glaub ich hätte schon früher aufgegeben... Da hast du aber auch was ganz grundsätzliches gelernt, oder?"

„Ja klar. Dieses Vorgehen hat mir auch für andere Bereiche etwas gebracht, zum Beispiel beruflich: Wie ich *wirklich* leben und arbeiten möchte, hat sich eigentlich erst jetzt, nach meinem Projekt 'Gesünder leben', für mich ergeben. Neue Wege machen sich gerade für mich auf und momentan geht es richtig vorwärts ..." Sonja lächelte und ich war gespannt darauf, was sie noch weiter erzählen würde.

„Du hast ja vorhin viel über die '*Motivatoren*' gesprochen, Nadja: Ein vermeintlich großer Motivator für mich war es ja früher, anderen gefallen zu wollen bzw. es allen, recht machen zu wollen. Und auch das hat sich manchmal direkt auf das Thema Ernährung und Bewegung bei mir ausgewirkt: Beispielsweise, wenn sich die Mädels-Gruppe zu Kaffee und Kuchen verabredet hatte. Ich habe da noch lange mitgemacht und den Nachmittag mit im Café verbracht, wollte ja kein Spielverderber sein... Eigentlich hab ich ziemlich lange dafür gebraucht, zu erkennen, dass ich inzwischen viel lieber einen Spaziergang unternehmen oder eine Runde schwimmen gehen würde stattdessen. Mich nervte es mehr und mehr, längere Zeit so herumsitzen zu müssen. Ich wollte das gar nicht mehr. Und außerdem: warum schwitzte ich erst beim Sport, wenn ich mir dann im nächsten Café Schokoladenkuchen hinein schaufelte und mich währenddessen darüber unterhielt, wie es wäre, abzunehmen und wie man bis dahin gekonnt seine überflüssigen Pfunde kaschieren könnte!? Nichts gegen Schokoladenkuchen, aber sowas machte zu diesem Zeitpunkt einfach keinen Sinn mehr für mich!

Das Absagen solcher Verabredungen und zu diesen manchmal recht unpopulären Entscheidungen zu stehen, war aber nicht immer so leicht für mich. Doch mit den alten Gewohnheiten musste ich eben auch manche Verbindungen zeitweise loslassen.

Immer öfter fiel es mir auch schwer, überhaupt noch Gesprächsthemen mit weniger sportbegeisterten Freunden zu finden. Ich war schließlich selbst gerade in einer so euphorischen Phase, dass ich mir lieber Gleichgesinnte zum Austausch suchte...", erklärte Sonja.

Sie zog ihr vibrierendes Handy aus der Tasche, nahm den Anruf aber nicht an. Dann zeigte sie uns ein Bild von sich: Vor der Veränderung...

„Wenn ich mir heute alte Fotos von mir anschaue, erinnere ich mich oft daran, wie viel Zeit, Geld und Energie ich damals in meine Außenwirkung gesteckt hatte: Kleidung, Accessoires, Styling... Ich wollte mich unbedingt so vorteilhaft wie möglich präsentieren, egal ob ich ausgegangen bin, oder nur mal schnell zum Einkaufen. Man könnte sagen: Je unwohler ich mich in meinem Körper fühlte, desto mehr Zeit verwendete ich auf solche Dinge. Heute ziehe ich an, worauf ich gerade Lust habe und bin so froh darüber, dass ich mich auf Wichtigeres konzentrieren kann. Kein Kaschieren mehr, kein Verstecken, keine tausend Überlegungen Tage vor einer Reise oder einer simplen Einladung... Einfach nur ich sein dürfen und auch können...!"
Ihr Handy vibrierte wieder laut hörbar, diesmal auf der Armlehne. Sonja machte eine kurze Pause , sah aufs Telefon und ignorierte den Anrufer dann ein zweites Mal.

„Das kenne ich! Zwar in anderer Form, aber das Gefühl kenne ich...", stimmte ich ihr zu.
Sonja lächelte mich an und meinte: „Ja, das kann ich mir vorstellen."
Nachdem sie nun doch die Benachrichtigungen auf ihrem Handy gelesen hatte, entschuldigte sie sich :
„Sorry, aber darauf muss ich kurz antworten." Und schon tippte sie wie wild drauf los.
Ich nutzte die Zeit, um die restlichen an mir hängenden Baguettekrümel los zu werden, bis Ingrid fragte:

„Ändert sich denn immer *alles*, nur weil ich ein bestimmtes Thema anstoße?"

„Nein, das passiert nicht automatisch, keine Sorge. Was ich bei Sonja herausgehört habe, und so ähnlich war es ja auch bei mir, ging es bei uns beiden um grundlegende Veränderungen, um Lebensthemen, die wir angegangen sind. Nicht jede Veränderung hat zwangsläufig mit einem Lebensthema zu tun.
Der Verlauf einer Veränderung, Stichwort 'Change-Kurve', ist zwar von den einzelnen Phasen her gleich, aber die Auswirkungen sind doch unterschiedlich: je nachdem, wie groß die Veränderung ist und wie man persönlich mit dem Thema Veränderung umgeht... Wichtig finde ich vor allem, dass man sich klar macht: Sobald man etwas bei sich selbst verändert, verändert man automatisch auch das System um einen herum. Das bedeutet, dass man andere Menschen um sich herum ebenfalls mit in Bewegung bringt: ob die das nun wollen oder nicht!
Das heißt aber auch, dass man vielleicht mit Widerständen von außen konfrontiert werden kann und lernen muss, damit umzugehen. Solche Widerstände muss es natürlich nicht immer geben, aber die Möglichkeit besteht, denn durch die eigene Veränderung verändert man manchmal auch die Komfortzone, sprich die Gewohnheiten und Muster, der anderen."

Wenn wir uns verändern (und an unseren Themen arbeiten,) werden wir zum einen mit uns selbst, mit unseren eigenen Gedanken und Gefühlen konfrontiert, stehen aber gleichzeitig auch im Austausch mit anderen: mit Einzelpersonen, mit unserer Gruppe, unserer Arbeit, Institutionen, etc. Ändern wir uns, vielleicht auch nur In Gedanken, so ändern wir auch unsere Umgebung.

Sonja steckte ihr Handy zurück in ihre Tasche und kehrte mit ihrer Aufmerksamkeit zu unserem Gespräch zurück. Sie knüpfte direkt an:
„Wofür ich echt lange Zeit gebraucht habe: die körperliche Veränderung bei mir selbst als wirklich wahrzunehmen, also mein inneres eigenes Bild von mir anzupassen, könnt ihr euch vorstellen, was ich damit meine?"
Ingrid und ich überlegten eine Weile. „Also du meinst deine innere Vorstellung von Deinem Körper, oder?", fragte ich.

„Ja es gelingt mir eigentlich erst in den letzten Wochen so richtig, diese passend zum neuen Erscheinungsbild zu integrieren. Ich wusste zwar, dass ich abnehme und dass sich auch mein Körper verändert, nicht nur wegen dem Gewichtsverlust der auf der Waage sichtbar wurde, sondern auch wegen des besseren Körpergefühls durch den Sport...aber ich habe tatsächlich lange nicht gesehen, dass das wirklich ich bin im Spiegel. Klar habe ich die inzwischen schmalere Form gesehen und mir gedacht: Cool!
Aber auch wenn ich neuere Bilder von mir gesehen habe, ich habe regelmäßig meine Fortschritte dokumentiert, war es irgendwie immer eine andere Frau da drauf. Das war doch bitteschön nicht ich! Das habe ich lange nicht zusammen auf einen Nenner gebracht. Aus meinem Umfeld kamen natürlich großartige Komplimente, aber wirklich zu erkennen das ich das bin, dass ich offensichtlich nun wirklich dieses Lebensthema gemeistert hatte.... dieses Bewusstsein habe ich erst jetzt, seit Kurzem!", erzählte Sonja weiter.

"Das glaube ich dir!", nickte ich Sonja zu und sah sie noch einen Moment lang an. Dann ergänzte ich: „Dass sich aus dem Verändern meiner Prioritäten auch die Gewohnheiten und Umstände in Bezug auf mein Umfeld verändern, das war auch für mich eine Zeit lang verwirrend. Das wirklich zu begreifen war ein zentraler Lernpunkt in meinem Veränderungsprozess. Plötzlich fand ich mich in Gesprächsthemen mit guten alten Bekannten wieder, mit denen ich gar nichts mehr so richtig anfangen konnte.
Ich habe für mich den *'Lösungsgedanken'* inzwischen sehr stark verinnerlicht. Das bedeutet, dass sich mein Blickwinkel bei jedem Thema und jedem Problem so-

fort darauf richtet, wie ich es lösen kann. Ich höre mir gerne kurz an, wo die etwaigen Ursachen liegen oder wie es dazu gekommen ist, aber ich komme nicht mehr damit klar, Probleme von tausend Richtungen zu beleuchten und darüber zu sinnieren, was denn vielleicht alles damit gemeint sein könnte oder was dahinterstecken könnte. Dafür fehlt mir die Geduld, das geht für mich einfach nicht mehr bzw. will ich es nicht mehr. Ich habe für mich beschlossen, diese Gedankenräder anzuhalten. Immer wieder das Gleiche noch einmal von vorne durchzukauen kommt für mich nicht mehr in Frage.
Für Menschen aber, die das gerne tun, bin ich kein guter Gesprächspartner mehr. Anfangs hatte ich wirklich damit zu kämpfen und habe versucht, Gespräche ohne diese ständige Irritation auf einer neutralen Gesprächsebene zu belassen oder wieder dorthin zurückzuführen. Das hat leider nicht immer geklappt. Einerseits wollte ich mich selbst schützen, andererseits wollte ich mein Gegenüber nicht ständig vor den Kopf stoßen. Für diese schmale Gratwanderung musste ich erst noch einen Weg finden.
Mit manchen hat das auch gar nicht funktioniert...
Mit meinen Gesprächsinhalten veränderten sich also auch immer häufiger die Gesprächspartner. Nicht alle Menschen, die mich vor meiner Veränderung kannten, konnten mit meinen neuen Interessen und Denkweisen etwas anfangen. Es ist tatsächlich wie auf einer Zugreise: Manche bleiben, andere steigen aus und manche kommen ganz neu dazu..."
„Wie passend!", stimmten Sonja und Ingrid mir zu.

Die Kommunikation mit anderen ist so lange in Balance, wie sie ausgewogen ist. Ändert eine Partei etwas an der bisherigen Konstellation, gerät die Balance aus dem Gleichgewicht. Es gilt dann, das ganze System wieder neu auszutarieren.

„Ja,", meinte Sonja, „mir ging es ganz ähnlich. Es war für mich immer wieder eine neue Herausforderung herauszufinden, was sich *wirklich* verändert hatte:
Hatten wir uns tatsächlich nichts mehr zu sagen, oder betraf das nur mich und meine eigenen veränderten Themen?"

Ich nickte ihr zu: „Ich habe mir auch in Bezug auf Freunde oder Kollegen, bei denen ich merkte, dass es auf einmal zwischen uns "ruckelte", immer wieder die Frage gestellt: Worum geht es mir eigentlich? Meist gab es zwei Möglichkeiten: Finden wir evtl. einen neuen Weg zusammen oder ist die gemeinsame Zugreise vielleicht doch zu Ende und unsere Wege trennen sich?

Bei manchen hat es mir geholfen, nichts zu erzwingen. Da sich auch bei ihnen Veränderungen einstellten, kam es auch vor, dass wir uns auf einer ganz neuen Gesprächsebene wieder gefunden haben. Danach war unser Austausch dann sogar viel interessanter und intensiver.", erzählte ich weiter. „Manche Freundschaften haben sich also mit mir verändert, manche gingen zu Ende, aber es sind auch viele neue dazugekommen.
Wichtig war für mich auch in diesem Zusammenhang, zu sehen, dass mit einer einmal getroffenen Entscheidung oder einer bestimmten eingeschlagenen Wegrichtung nicht immer gleich alles auf ewig feststehen muss."

„Meinst du das mit dem Schwarz-Weiß-Denken? Also, dass eine Aussage oder eine Richtung für künftig gilt und es dann dabei bleibt?" fragte Sonja nach.

„Ja, es geht auf jeden Fall in diese Richtung... Ich habe dazu noch ein Beispiel für euch:
Bis vor Kurzem war ich mir ziemlich sicher, dass Joggen nichts für mich ist. Ich gehe zwar gerne spazieren und wandere auch gerne in den Bergen, aber Joggen wollte ich nicht. Dann habe ich über einen relativ kurzen Zeitraum viele neue Menschen kennengelernt und, solche Zufälle gibt es, alle erzählten mir vom Joggen. Ich fühlte mich schon fast verfolgt... Und diese neuen Bekanntschaften joggten nicht einfach nur so, viele von ihnen liefen sogar schon Marathons oder trainierten gerade dafür. Selbst meine beste Freundin hatte mich ständig mit dem Thema bombardiert.

Und eines Tages verspürte ich dann selbst bei meinem Spaziergang den Drang, einfach loszulaufen. Ich hatte in diesem Moment leider weder die richtigen Klamotten an, noch trug ich richtige Laufschuhe. Aber das Laufen ließ mich nicht mehr los... Also fragte ich eines Tages meine Freundin, ob wir nicht einfach mal eine Runde zusammen laufen könnten. Das haben wir dann auch gemacht, und was soll ich sagen: Es ist genau mein Sport! Im Herbst wollen wir zusammen bei einen 10-km-Lauf mitmachen."

„Das ist ja ein schönes Beispiel!", freute sich Sonja und ergänzte: „Coole Sache, das mit dem Laufen."

„Das verstehe ich jetzt aber nicht...", sagte Ingrid und schaute zwischen Sonja und mir hin und her.

„Was ich damit meine ist, dass sich die Gegebenheiten und auch die Meinungen und Einstellungen von Menschen ändern können, also auch meine und deine. Dass nicht alles für immer feststeht, nur weil man jetzt eine gewisse Meinung dazu hat oder auf eine bestimmte Art handelt. Wie ist es denn bei dir, wenn du neue Informationen bekommst oder einen neuen Blickwinkel zu einer Situation einnimmst, zu der du vorher bereits deine eigene Meinung gehabt hast?" fragte ich Ingrid.
„Na ja, entweder sie bestätigen meine Meinung oder bringen mich zum Nachdenken. Dann richte ich meine Gedanken dazu schon mal neu aus. Was mir dazu auch einfällt: Prioritäten haben sich bei mir auch schon mal geändert. Danach habe ich auch Dinge gemacht, von denen ich früher behauptet habe, dass sie für mich nicht in Frage kommen: So habe ich

beispielsweise als Jugendliche immer behauptet, dass München so überhaupt gar nicht meine Stadt ist und ich dort nie leben möchte. Und naja... was soll ich sagen? Mittlerweile bin ich schon seit vier Jahren da und ich muss gestehen, dass ich mich echt wohl dort fühle." meinte Ingrid.

Sie zuckte belustigt mit den Schultern und fuhr fort: „Vielleicht heißt das ja, dass man manchen Dingen einfach Raum zur Entwicklung geben sollte, auch wenn es im Moment vielleicht noch nicht so aussieht als würde es irgendwie weitergehen?"

„Na, was glaubst du denn selbst?" stellte ich ihr die Gegenfrage.

„Für mich klingt es sinnvoll", antwortete sie.

Sonja und ich grinsten und stimmten ihr zu.

Ich stellte klar: „Wichtig ist, immer wieder zu reflektieren: Wo stehe ich gerade und welchen Fokus habe ich auf meine Umwelt? Was passiert mit mir und um mich herum und wie passt das alles zusammen? Fühlt es sich richtig an? Gilt es vielleicht bestimmte Aspekte näher zu betrachten und dann mit der eigenen Zielrichtung wieder abzugleichen?"

„Also, wenn ich das für mich übersetze, bedeutet das, dass ich mir eine Situationen erst einmal in Ruhe anschaue. Wenn es um Konflikte geht, sollte ich mir überlegen, wie ich selbst vielleicht zu den Unstimmigkeiten beigetragen habe, denn bekanntlich gehören ja immer zwei dazu... Ich könnte mich auch fragen: Wie gewinne ich einen anderen Blickwinkel, um die Situation noch mal ganz neu zu sehen? Wie kann ich neue Entwicklungen und Chancen darin sehen und sie in mein Leben einbauen?", überlegte Sonja laut und fuhr gleich fort:

"..naja, wenn ich mich beispielsweise mit anderen über eine bestimmte Ernährungsform unterhalte, von der sie mich überzeugen wollen, ihr glaubt ja gar nicht, wie oft mir das inzwischen passiert... dann habe ich grundsätzlich erst einmal ein Problem damit. Ich suche mir ja inzwischen am liebsten das aus den verschiedenen Ernährungsformen und -theorien heraus, was mir am besten gefällt, 'Cherry-Picking' also...", lachte sie.

"...und trotzdem versuche ich aber dann aus diesen Gespräch das herauszufiltern, was für mich interessant sein könnte. Früher hätte ich wohl relativ schnell abgeblockt, heute stelle ich einfach viele Fragen und lerne dadurch viel Neues dazu."

"Ja, für mich hat das auch viel mit Offenheit auf beiden Seiten zu tun.", sagte ich. "... auch damit, dass die anderen offen dafür sind für meine Veränderung. Das ist natürlich eine Erwartungshaltung meinerseits, aber ich kann das auch selbst fördern: mit meiner eigenen Offenheit nämlich, also damit, dass ich den anderen die Chance gebe, sich an meine Veränderung zu gewöhnen und daran teilzuhaben. Idealerweise beziehe ich Familie oder Freunde inzwischen schon von Anfang an auf die eine oder andere Art mit ein, so dass sie sich gemeinsam mit mir auf die Veränderungsreise begeben können. Das heißt, dass ich auch durchaus Verständnis für Bedenken und Einwände von außen zeige und mich auf Diskussionen und Nachfragen einlasse.

Anfangs war das nur gar nicht so einfach für mich, denn ich kenne ja meinen Weg und stehe dazu. Ich empfand es vielmehr als ziemlich nervenaufreibend, immer wieder alles erklären und quasi rechtfertigen zu müssen... Schon bald stellte sich allerdings heraus: Je mehr Zeit ich mir dafür nehme, mich diesen Fragen zu stellen, umso leichter wird es langfristig für mich und alle um mich herum. Die Reaktionen darauf sind wirklich toll: Viele Nachfragen inspirieren mich selbst wieder und oft bekomme ich auf diese Art viele neue und wertvolle Informationen oder Ideen zugetragen. So macht mir das inzwischen wirklich richtig Spaß!"

Sonja nickte: „Interessant... ging mir auch ähnlich! Als ich angefangen habe, mich anders zu ernähren und sportlicher zu werden, erntete ich erst viele kritische Blicke und Kommentare aus meinem privaten wie beruflichen Umfeld. Einige dachten wohl, dass ich es nur mal wieder probiere und fragten sich vermutlich, wie lange ich dieses Mal wohl durchhalten würde... Aber die Kilos purzelten und ich erzählte immer begeisterter von meinen neuen Entdeckungen.
Bei anderen bemerkte ich einen gewissen Unmut, vielleicht sogar Neid, bis hin zur Unterstellung, ich würde es übertreiben und wäre gänzlich verbissen geworden: So bist du doch gar nicht! Jetzt hör mal wieder auf, übertreib doch nicht so!
Die Widerstände von außen häuften sich je mehr Fortschritte ich machte und kamen mir vor allem von ehemaligen Leidensgenossen entgegen... Ich ließ mich aber nicht beirren und machte trotzdem weiter. Und irgendwann merkten diese 'Störer', wie ich sie heimlich getauft hatte, dann doch, dass ich weder magersüchtig noch zur miesepetrigen Spaßbremse geworden war."

„Nö, biste wohl nich...", alberte Ingrid herum.

Sonja zuckte mit den Schultern und blinzelte sie an.
„Mit der Zeit kamen dann sogar immer mehr Nachfragen: Freunde, Familie und Kollegen wollten wissen, wie ich es denn jetzt genau bis hierher geschafft hätte. Inzwischen habe ich durch meine Veränderung schon einige Leute angesteckt, sich intensiver mit dem Thema Ernährung und Bewegung auseinanderzusetzen und ich verfolge ganz stolz ihre Fortschritte. Ich musste da auch nichts predigen, es reicht völlig, das vorzuleben. Zu sehen, dass es ja doch möglich ist, aus alten Gewohnheiten auszubrechen regt die Gedanken wohl genug an... so lange, bis man aus sich selbst heraus und eigenständig in die Veränderung geht." Sie lehnte sich zurück und schien zufrieden mit ihrem Fazit.

Dem hatten Ingrid und ich ohnehin nichts mehr hinzuzufügen. Wir legten eine Pause ein: Sonja telefonierte kurz, Ingrid hatte Hunger bekommen und bahnte sich den Weg zum Bordrestaurant. Ich ging das Gespräch für mich noch einmal durch:
Es war faszinierend zu hören, dass es trotz der unterschiedlichen Themen doch so viele Gemeinsamkeiten geben konnte, wenn es um die Grundsätze der Veränderung ging. Vieles kannte ich schon aus eigener Erfahrung oder aus Schilderungen meiner Coachees, aber es war doch immer wieder schön für mich, das teilen zu können.
Sonja packte ihr Handy wieder weg und schaute aus dem Fenster. Einige Minuten später kam Ingrid mit einem Käsesandwich zurück und biss hinein. Selig

kaute sie vor sich hin. Mit einem Mal aber fuhr sie herum und riss uns aus unseren Gedanken:
„Das ist ja schon echt krass, was mit so einer Veränderung auf einen zukommen kann! Für mich klingt das nach ganz schön viel... Wie geht man denn nun man am besten vor? Ich wüsste ja gar nicht, wo und wie ich überhaupt anfangen sollte..." Ingrid wirkte etwas konfus.
Aber Sonja und ich wussten vermutlich beide nur zu gut wovon sie sprach:

„Ich glaube, ich weiß genau, was du meinst, Ingrid.", sagte ich. „Bei mir sind es anfangs meist sehr viele kleine Impulse, besser gesagt Informationen oder neue Möglichkeiten, die sich ansammeln bzw. auftun. Dann sehe ich erst einmal nur einen riesigen Berg vor mir. Ich frage mich: Und jetzt? Wie soll ich das bloß alles schaffen? Und dann stelle ich mir vor, es wäre wie beim Wandern:
Ich suche mir eine interessante Tour, packe genau die Sachen ein, die ich dafür brauche, checke noch das Wetter und gehe dann einfach los. Ich setze einen Fuß vor den nächsten und erklimme den Berg dann in *'Etappen'*.

Genau dieses Prinzip wende ich an, wenn ich ein neues Thema angehe: Ich überlege mir, was ich wirklich will und gebe mir Zeit. Und wenn die Impulse auch noch nicht gleich in mir zu lodern beginnen... dann habe ich vielleicht einfach noch nicht das richtige Ziel für mich definiert. Wenn das Ziel wirklich klar ist, überlege ich mir dann unterschiedliche Möglichkeiten und Wege, denn auf den Berg komme ich ja auch nicht nur über eine Route. Ich schaue mir an, was ich brauche, wer oder was für mich hilfreich sein könnte, und dann geht es einfach los."

„Das ist ein toller Vergleich!", warf Ingrid ein.

„Trotzdem bleibe ich, wie auch beim Wandern, unterwegs immer wieder mal stehen und verschaffe mir einen Überblick oder genieße die Aussicht... Was ist bisher passiert? Was hat sich Neues ergeben? Welche neuen Prioritäten ergeben sich für mich daraus? Die neue *'Etappe'* richte ich dann genau danach aus, gegebenenfalls passe ich meine anderen Wege auch noch einmal neu an. Manchmal kann ich auch ganz problemlos geradeaus weiterlaufen... und das wiederhole ich dann so lange, bis ich mein Ziel erreicht habe.", erklärte ich.

„Würdest du denn sagen, das mit dem Stehenbleiben und Umsehen sollte man regelmäßig machen?", fragte Sonja dazwischen.

„Wie oft ich stehenbleibe und reflektiere hängt ganz vom Weg und den Gegebenheiten ab. Mir meiner *'Motivatoren'* bewusst zu sein und die Wege auszuwählen, auf denen ich die meisten meiner Stärken und *'Antreiber'* einbringen und nutzen kann, hilft mir dabei natürlich am meisten. Wenn mir das gut gelingt, dann läuft alles so gut wie von alleine. Es fühlt sich dann auch nicht nach einem Kraftakt oder einem Muss an, sondern ich freue mich darüber, meine Sache oder mein Projekt voranzutreiben."

„Oh ja, das mit den *'Etappen'* ist für mich ähnlich,", übernahm Sonja „ich überlege mir erst ein größeres Ziel, das noch weit weg ist und bis es in Sichtweite gerät, konzentriere ich mich erst einmal auf die kleineren *'Zwischenziele'*. Wisst ihr, große Ziele demotivieren mich eher, weil sie so unerreichbar wirken. Mit kleinen Einheiten fühle ich mich viel wohler, die spornen mich richtig an, denn danach kann ich greifen, das kann ich schaffen!

Und dann geht es natürlich noch darum, sich umzusehen, wie du schon gesagt hast, Nadja: Wo gibt es Hilfe und Unterstützung für meinen Weg? Man muss ja nicht alles alleine schaffen, man muss nur die Augen aufmachen oder ins Gespräch kommen:

Ich habe mich zum Beispiel während einer harten Trainingsphase darüber frustriert, dass ich nichts, aber auch gar nichts abgenommen hatte in dieser Zeit. Im Austausch mit Profi- und Hobbysportlern habe ich dann etliches darüber gelernt, wie viel Energie in Relation zum Trainingspensum mein Körper exakt braucht, um trotzdem weitere Depots freizugeben und dabei weiter leistungsfähig zu bleiben. Für einen besseren Überblick riet man mir zu einem Ernährungstagebuch, auch um die Zufuhr der nötigen Vitamine, Mineral- und Ballaststoffe kontrollieren zu können: Ooh je, viel zu mühsam, dachte ich zuerst... und dann habe ich diese fantastische App entdeckt, die mir das total leicht gemacht hat und so ganz nebenbei habe ich auch noch was dabei gelernt: Inhaltsstoffe und Zusammensetzungen von Lebensmitteln muss ich heute kaum noch nachschlagen, so ungefähr habe ich das jetzt alles auf dem Schirm.

Um mich unterwegs weiter zu motivieren arbeite ich auch gerne mit Listen, in denen ich meine Trainingseinheiten und Fortschritte dokumentiere. Dann sehe ich objektiv auf einen Blick, wie viel Bewegung ich zum Beispiel in dieser Woche schon hatte. Wie ihr seht, hat mir wirklich am meisten geholfen, quasi selbst Expertin für mein Thema zu werden. Und neben der eigenen Denkleistung, die man dafür investieren muss, muss man meiner Meinung nach einfach nur Leute fragen, die was davon verstehen. Am besten die, denen man das auch wirklich ansieht, also die das wirklich leben...", zwinkerte sie uns zu.

„Haha jaja, der Austausch mit anderen ist so wichtig.", bestätigte ich. „Wer kann mir helfen? Wer tut mir in diesem Moment vielleicht einfach nur gut, indem er nur zuhört? Auch das ist für mich wichtig zu hinterfragen."
„Ja, genau!", Sonja nickte. „Ich schätze diesen Austausch inzwischen sehr und bin immer daran interessiert, wie andere da vorgehen würden oder darüber denken. Es bringt mich weiter... und wenn ich so zurückdenke, dann habe ich einem dieser Profis eigentlich meinen durchwegs erfolgreichen Start in mein Projekt zu verdanken...", grinste sie plötzlich ganz spitzbübisch.
„Also gut, stellt euch vor...", legte Sonja gleich los und erzählte: „Tatort Fitnessstudio. Ernährungskurs für Abnehmwillige. Ich war gerade dabei mir möglichst viele Informationen über Bewegung, gesundes Essen, Grund- und Leistungsumsatz etc. zu beschaffen.
Meine Freundin und ich tauften den Referenten mit der sonoren Stimme den „schönen Henning"... Er strahlt genau das aus, was er gerne wäre, lästerten wir und ob all der Frotzeleien hat es mir doch recht schnell die Sprache verschlagen, denn der gutaussehende Ex-Leistungssportler mit dem beginnenden Bierbauchansatz erklärte uns sehr kompetent und glaubwürdig den Zusammenhang zwischen Leistung und Verbrauch: Was muss ich bei gesteigerter Aktiv-

ität mindestens essen, um den Körper nicht in ein Defizit und somit in den Streik zu führen? Er behauptete, dass er bereits acht Kilo abgenommen hätte, seit er sein Training wieder aufgenommen hätte. Dann muss er ja wissen, wie's geht, dachte ich. Und obendrein machte er mir ein Angebot, das ich kaum ablehnen konnte: Acht Wochen lang sollte ich mich erst einmal viel, viel, viel bewegen und dabei ordentlich essen. Wie bitte? Ich schüttelte den Kopf: Ich wollte aber schon eher abnehmen, lieber Henning! Aber Henning blieb dabei: Bei jeder sich bietenden Gelegenheit auf Bewegung sollte ich zuschlagen, sollte mich richtig fordern und auspowern. Dabei sollte ich genug trinken und: bloß keine Diät machen in dieser Zeit!
Lieber genug essen, satt werden, sagte er. Er erklärte mir weiter, dass ich durch den gesteigerten Aktivitätsgrad auch erst mal mehr Hunger haben würde und mein Körper die verbrauchte Energie wieder einfordern würde. Also sollte ich ihm erst einmal das geben, was er forderte, statt ihm durch zu wenig Kalorien auch noch den Krieg zu erklären. Ich grinste ungläubig in mich hinein und dachte: Junge, du stehst bei mir kurz vor der Heiligsprechung! Das hatte mir ja noch keiner geraten... mehr essen um langfristig abzunehmen! Das klang damals so derartig unglaubwürdig für mich, aber schließlich sollte der schöne Henning Recht behalten: In den ersten acht Trainingswochen war ich wirklich mit einem feudalen Appetit gesegnet. Unterdessen ergaben sich viele Fragen für mich:
Wie kommuniziere ich eigentlich mit meinem Körper über verbrauchte und benötigte Energie? Wie reagiert mein Körper auf das Energiedefizit? Und wie kann ich ihn an der Hand nehmen und den Weg mit ihm

gemeinsam gehen, statt mich, wie Jahre zuvor, dem aussichtslosen Kampf mit ihm zu stellen?
„Alles eine Frage der richtigen Erziehung.", meinte Henning. „Gib deinem Körper doch erst mal ein bisschen Zeit, sich an mehr Aktivität zu gewöhnen. Und schließlich wird sich über die regelmäßige Bewegung auch dein Hungergefühl einpendeln und anpassen. Ganz von selbst, du musst nur aufmerksam sein..."
Das war echt ein cooles Gespräch damals und es hat mir echte Glücksmomente beschert! Ich kann auch heute noch behaupten, dass das Prinzip aufgeht. Appetit, Sättigung und Aktivität haben sich wirklich genau so eingependelt, wie er gesagt hatte. Ich musste nur aufmerksam dafür werden."
Ingrid und ich fanden es großartig zu hören, dass es nicht dagegen sondern nur mit gehen kann. Das gefiel uns beiden!

Ingrid überlegte kurz. Dann meinte sie: Eigentlich ist das ja total logisch im Prinzip.... Das erinnert mich an meine Projekte in der Arbeit: Da ist es auch wichtig, dass ich mir zu Beginn ein Ziel setze, das ich am Ende erreichen möchte. Dann überlege ich mir, welche *'Zwischensteps'* oder *'Milestones'* es auf dem Weg zu erreichen gilt, d.h.: In welche Unterziele kann ich das Projekt unterteilen? Denn die dienen mir als wichtige Marker. Häufig sind damit bestimmte Termine verbunden, die ich einhalten muss, weil sie wichtig für das Endergebnis sind, also z.B. irgendwelche Bestell- oder Lieferzeiten. Außerdem kläre ich zu Projektbeginn immer gleich ab: Welches Budget brauche ich dafür? Wer kann mir helfen bzw. wen brauche ich in meinem Team? Welche Ressourcen und Hilfsmittel brauche ich? Mit welchen Risiken und Schwierigkeiten muss ich vielleicht rechnen? Klassisches Projektmanagement halt..."

Der Vergleich gefiel mir. „Genau, alle diese Veränderungen, über die wir gesprochen haben, sind wie einzelne Projekte. Der Vergleich passt absolut!", antwortete ich ihr.
Sonja lachte: „Mein Motto ist ja sowieso schon lange: „Mach es zu deinem Projekt..." Und irgendwie dachten wir wohl alle drei an dieselbe Werbung und lachten uns schief...

Kurz darauf erreichten wir den nächsten Bahnhof. Zwanzig Minuten Aufenthalt. Wir mussten noch auf einen anderen Zug warten. Ich nutzte die Gelegenheit und verabschiedete mich kurz von den beiden, denn nach dem langen Sitzen brauchte ich unbedingt Bewegung. Ich war innerlich schon recht unruhig geworden. Also stieg ich aus und sah mir ein wenig den Bahnhof an, schlenderte an den Essensständen vorbei und nutzte die Gelegenheit, mir noch einen guten Kaffee zu holen. Ein paar Mal noch ging ich auf dem Bahnsteig auf und ab, dann stieg ich kurz vor der Weiterfahrt wieder ein.

In unserem Wagen war es richtig voll geworden, und ich beobachtete das bunte Treiben noch ein wenig. Eine Familie mit einem kleinen Mädchen war eingestiegen. Die Kleine hatte überhaupt keine Lust, still zu sitzen... Ein älterer Herr war auch neu dazugekommen und musste direkt nach dem Platz nehmen eingeschlafen sein, denn ich hörte ihn bereits leise schnarchen. Ein wenig belustigt und verwundert über ihn kamen Ingrid, Sonja und ich wieder ins Gespräch.

Dann hatte Ingrid das Bedürfnis, noch mal nachzuhaken: „Ihr scheint ja sehr glücklich zu sein, ihr beide... und ihr wirkt auch ganz entspannt, obwohl manche Aspekte eurer Veränderung wohl alles andere als entspannt und angenehm waren, wie ihr erzählt habt. Was waren denn aber nun die besten Erlebnisse, die *'Glücksmomente'* für euch dabei?"

Sonja lachte: „Oh je, da gibt es so viele...! Also zum Beispiel brauchte ich ja erst mal eine neue Komplett-Ausrüstung an Kleidung: Und da fängt es schon damit an, dass ich mich jetzt in Läden hinein traue, in die ich mich früher nicht hinein gewagt hätte... Ihr wisst schon: In ihrer Größe haben wir nichts etc...
Oder ich probiere was an und es passt nicht und dann kommt eine Verkäuferin und sagt: Ist ja auch viel zu groß für Sie! Der Text war mir bisher unbekannt, wisst ihr!?", grinste sie amüsiert und fügte hinzu: „Zum Spaß gucke ich jetzt auch gerne immer absichtlich bei meinen alten Größen. Ich nehme die Kleidungsstücke in die Hand, die ich früher probiert und eventuell auch gekauft hätte, und halte sie mir vor den Körper. Ich bin dabei immer noch erstaunt, wie groß der Unterschied mittlerweile ist. Das hilft mir übrigens auch, meine momentane wirkliche Größe, mein eigenes Bild von mir, wieder besser einschätzen zu können..."
Ingrid und ich amüsierten uns königlich. Die hatte Ideen...
„Ah und apropos einkaufen:", setze Sonja noch einen drauf: „Witzig finde ich auch, dass ich in meinem

kleinen Supermarkt ums Eck inzwischen ja gar nichts mehr kaufen kann, ohne dass es kritisch beäugt wird."
„Was?" riefen Ingrid und ich fast gleichzeitig.
„Na ja, die haben meine Gewichtsveränderung vom ersten Moment an mitbekommen. Nach einiger Zeit wurde ich dann auch immer häufiger darauf angesprochen. Wir haben uns sogar zu Rezepten ausgetauscht, wenn die Kassiererinnen mich wieder darüber ausfragten, was ich aus diesem und jenem Gemüse denn kochen werde. Die waren ganz neugierig und haben sich neue Anregungen bei mir geholt. Und jetzt werfen sie mir schon schiefe Blicke zu, wenn ich mir mal eine Packung Kekse hole. So weit ist es gekommen... Ich muss fast schon überlegen, wo ich meine „sündigen" Sachen kaufe... denn natürlich esse ich auch mal Kekse, für mich ist ja grundsätzlich alles erlaubt." grinste Sonja.
„Das ist ja cool: Ja, die passen gut auf dich auf, würde ich sagen!" meinte ich. Ingrid konnte sich vor Lachen gar nicht mehr zurückhalten und ihre Steckfrisur sah immer wilder aus.
„Ach, von den Geschichten hätte ich noch viele... Das sind die kleinen Glücksmomente!" freute sich Sonja.

„Das ist wirklich schön zu hören, wie froh du über dieses neue Glück bist...!", sagte ich.
„Für mich persönlich liegt ja viel Glück in all den Erkenntnissen auf meinem Weg innerhalb der Veränderung. Ihr wisst ja schon, dass die Berge für mich auch ein Bild sind, das mich motiviert: Also habe ich angefangen, meinen Weg bzw. das Erreichen meiner Ziele mit der Besteigung eines 'Achttausenders' zu vergleichen. Diese Assoziation hatte ich zum ersten

Mal, als ich im übertragenen Sinne bei ca. 5500 Metern meiner Veränderungen angekommen war.
Stück für Stück wandere ich also von Basislager zu Basislager. Auf dem Weg gibt es immer wieder neue Herausforderungen: der Weg ändert sich mal von leicht steigend zu steil mit hohem Geröll- und Schotteranteil, mal gibt es gesicherte Kletteranteile... Pralle Sonne, schwere Beine, Müdigkeit, weitergehen, auch wenn es keinen Platz zum Ausruhen gibt, lange Wege im Schatten, mangelnde Wegweiser, Verirrungen und Umwege: das alles lebe ich.
Manchmal liegen auch größere Hindernisse auf meinem Weg und ich muss mir überlegen, wie ich am besten über die Steine und Baumstämme klettern kann, oder welchen Weg ich über Sumpfgebiete und unwegsames Gelände nehme.
Ich sehe Landschaften, die sich immer wieder aufs Neue ändern und mir das Gefühl geben, neue Welten zu betreten. Mit jedem Schritt komme ich meinem Ziel näher. Unterwegs muss ich aber noch zusätzliche Aufgaben lösen, um weiterzukommen: dadurch gewinne ich neue Einsichten und Erkenntnisse innerhalb der 'Change-Kurven'.
Eigentlich ist es ein wenig wie bei einer Schnitzeljagd, oder? Nur wenn alle Rätsel gelöst sind, kann ich weiter gehen. Erst dann habe ich das für mich nötige Wissen, um am Gipfel anzukommen. Ich gehe natürlich weiter währenddessen, aber die Rätsel auf dem Weg muss ich trotzdem knacken."

Nach einer kurzen Pause kam ich auf die ursprüngliche Frage von Ingrid zurück:
„Und so hat bei mir jeder Tag seine Glücksmomente. Bis zu meinem 'Achttausender' waren es jeden Tag

viele Kleinigkeiten, denen ich Beachtung schenken musste: wandern in den Bergen, mir die Zeit zu nehmen, Freundschaften zu leben und zu pflegen, jeden Tag meine 'Antreiber' leben und dadurch meinen Interessen nachgehen. Immer wieder Neues zu entdecken, mal spontane Ausflüge oder Reisen zu unternehmen, neue Länder und fremde Kulturen kennenzulernen gehört auch für mich dazu..."

„Du hast vorhin schon vom Reisen gesprochen: Wo hat es dich denn hingezogen?", fragte Sonja neugierig.

„Ich bin ein großer Fan der Highlands und liebe Schottland. Jetzt war ich schon zweimal da und es ist sogar noch viel schöner und besser dort, als ich es mir vorgestellt hatte!" schwärmte ich.
„Wie schön...", meinte Ingrid. Ich würde ja total gerne mal nach Neuseeland fahren „...aber auch dafür müsste ich erst mal die Zeit haben... Und wie lebt es sich denn nun so auf deinem 'Achttausender', Nadja?"

„Ja super, was denkst du denn?", scherzte ich mit ihr. „Mit jedem Berggipfel, den ich bis dahin genommen habe, habe ich Neues kennengelernt. Und weil sich ja Flora und Fauna auf dem Weg immer wieder ändern, ist es jeden Tag eine neue kleine Abenteuerreise, auch heute noch... und ich möchte wirklich keine Sekunde davon missen!
Aber nicht nur das Reisen habe ich in mein Leben integriert, ich bin neuerdings z.B. auch viel aufgeschlossener für Konzerte, Ausstellungen, Theatervorstellungen usw. Es macht mir so großen Spaß, das alles kennenzulernen und zu genießen. Und zwar jetzt!

Und nicht irgendwann später, versteht ihr? Das sind heute meine Glücksmomente.
Ich würde sogar noch viel weiter gehen: Mich als Ganzes zu erleben, lebendig zu sein und nicht nur in einzelnen Verpflichtungen und Rollen zu agieren, das macht mich heute aus. Dazu gehört für mich auch, authentisch zu sein, egal was ich gerade mache."

„Ja authentisch wirkst du in jedem Fall, das habe ich mir gleich gedacht... Ist das also dein Fazit, also das was du aus der großen Veränderung gezogen hast? Mehr Authentizität?", fragte Sonja.
„Ja sicher auch. Aber so auf einen Begriff könnte ich das wirklich nicht beschränken:
Ich habe meine Stärken gestärkt, meine Potenziale (wieder)-entdeckt und gelernt meine Fähigkeiten noch bewusster einzusetzen, um damit schließlich wieder neue Projekte anstoßen zu können... Vor allem aber habe ich mutig meine Grenzen immer wieder neu überschritten und... es begeistert mich einfach immer noch, dass das machbar war und ist! Und mit den Ergebnissen bin ich mehr als zufrieden:
Ich hab meine *'Basics'* für mich jetzt definiert und nun kann ich jeden Tag dafür verwenden, meine geplanten Lebenswerke Stück für Stück voranzubringen und einfach in meinem Element zu leben.
Dafür habe ich mir beispielsweise auch meine berufliche Selbständigkeit so ausgerichtet, wie ich es mir schon immer erträumt hatte.
Auch das Gefühl des Glücks und der Zufriedenheit, nach dem ich so lange gesucht hatte, ist kein seltener Ausnahmezustand mehr, sondern ist mir über diese Reise hinweg ein ständiger Begleiter geworden. Wie ich es mir gewünscht hatte, lebe ich nun *wirklich* mein

eigenes Leben und erfülle nicht länger nur das, was ich denke, erfüllen zu müssen. Das macht für mich den großen Unterschied!
Und: plötzlich wage ich mich an Projekte, Dinge, die ich früher nicht für möglich gehalten hätte: Ich schreibe Bücher, gestalte einen regelmäßigen Podcast... mittlerweile gibt es sogar schon Videos dazu...und es gibt sicher noch so vieles zu entdecken und die Arbeit macht mir großen Spaß!
Wenn ich dann manchmal am Wochenende noch nach 18:00 im Office sitze und an meinen Projekten arbeite, wirft man mir manchmal mitleidige Blicke zu, weil ich zu so einer Zeit noch arbeite. Ich lache dann immer ein bisschen in mich hinein, denn für mich fühlt es sich ja gar nicht an wie Arbeit. Und dafür kann ich mir eben auch die Freiheit nehmen, unter der Woche mal eine Bergtour einzuplanen oder auch mal auszuschlafen und erst am Nachmittag aktiv zu werden. Die freie Zeiteinteilung ist für mein heutiges Arbeiten ganz wesentlich und ermöglicht es mir, in einer guten Balance zu bleiben."

Ingrid schaute mich fast ungläubig an: „Unglaublich! Nadja, ganz ehrlich: Für mich klingt das fast zu schön um wahr zu sein. Ich schwanke zwischen Bewunderung, und dem Gefühl, es müsse da einen Haken geben... und dann bemerke ich da noch ganz viel: ich will das aaaauch in mir...!", lachte sie.
„Gibt es eigentlich etwas, das euch besonders geholfen hat, eure Ziele zu erreichen?"

Sonja antwortete: „Ja... mir alternative Verhaltensweisen zu überlegen zum Beispiel. Ich habe mir für die unterschiedlichsten Situationen, die nicht in mein Konzept passen, Ausweichmöglichkeiten überlegt.", sagte sie.

„Zum Beispiel?"

„Naja, es geht ja nicht immer nur nach meinem Kopf und meinen schlauen Plänen, manchmal bin ich spontan zum Essen eingeladen, manchmal würde ich mich gerne wie früher mit Schokolade auf der Couch verkrümeln, oder...

... wenn ich z.B. beim Sport spüre, dass ich keine Energie mehr habe, lege ich eine Trainingspause ein und sorge für ausreichend Schlaf sowie einen ausgewogenen und durchaus einmal gehaltvollen Menüplan.

... wenn ich aufgeben will, sorge ich für Applaus: Ich kaufe mir ein neues Kleid, gucke alte Bilder an und freue mich besonders über meinen Erfolg oder auch über Komplimente von Freunden und Familie. Oder ich fange im Kopf noch mal ganz von vorne an: Was motiviert mich? Was ist mein Motto? Warum und wofür mache ich das alles?

... wenn ich traurig bin, ist natürlich jeder Trost erlaubt, auch Schokolade oder Pizza, solange das nicht zur täglichen Gewohnheit wird.

... wenn ich feiern will, dann feiere ich: mit allem, was dazu gehört!

... wenn eine Essenseinladung oder Party ansteht, gestalte ich bereits die Tage vorher etwas aktiver und ausgewogener, gerne auch die ein oder zwei Tage danach, damit sich alles wieder einpendelt.

... wenn mir das Feiern gerade nicht ins Konzept passt, weil es beispielsweise schon die dritte Einladung in Folge wäre, schließe ich auch die Möglichkeit, abzusagen nicht aus. Ist das unmöglich, dann baue ich vor und mache den Tag zu meinem Genusstag.

… wenn ich mich einigeln will, ende ich nicht mit Keksen auf der Couch, sondern mache lieber eine kleine Yoga-Übung, einen ausgedehnten Spaziergang oder nehme ein heißes Bad ."

„Und das klappt immer?" fragte Ingrid.

„Ja. Seit ich erkannt habe, dass mir Bewegung genau so viel geben kann, wie Essen, lässt sich das Eine gut durch das Andere ersetzen. Und die Aktivität steht inzwischen einfach im Vordergrund für mich.", meinte sie. „ Und obwohl das jetzt vielleicht komplett nach dem Gegenteil klingt, aber innere Ruhe und Geduld waren und sind für mich extrem wichtige Komponenten in meinem Leben geworden. Sie haben mir bei den Veränderungen und beim Verarbeiten sehr gut weitergeholfen und tun das bis heute.", sagte Sonja noch.

Das war schon wieder ein Punkt, in dem Sonja und ich wohl ähnliche Strategien entwickelt hatten: „Ja, bei mir ist es auch so: je mehr Ruhe ich mir für mich gönne umso leichter fällt es mir, den Weg weiter zu gehen. Und danach komme ich sogar viel schneller voran als gedacht."

Mir war inzwischen aber noch etwas in den Sinn gekommen: „Als ich vorhin den Kaffee holen war, lief dort gerade ein Song von Robbie Williams, „Feel"... kennt ihr den?" Beide nickten mir zu.
„There's so much life running through my veins going to waste.", summte ich leise nach.
„Mhm, mhm, mmm...", kam es von Sonja und Ingrid.

Ich kicherte und meinte: „Cool! Also der Song, der passt rückblickend einfach total gut zum Beginn meiner Veränderung:
„Für mich war damals entscheidend, zu erkennen: Wenn ich jetzt nichts ändere, werden sich meine Träume nie erfüllen können! Um die Veränderung dann einzuleiten und mich trotz aller Anstrengungen unterwegs weiterhin auf meine 'Gipfel', also die gewünschten Resultate, zu konzentrieren: Dafür brauchte ich erst mal jede Menge Mut!
Mut, aktiv zu werden und dran zu bleiben! Darauf bin ich heute schon stolz, wenn ich so zurückschaue...", sagte ich mehr für mich.
„Wisst ihr, ich möchte mir später gerne sagen können, dass ich mein Leben wirklich genutzt und gelebt habe und für meine Träume und Wünsche eingestanden bin! Ein aktives Leben zu leben, egal ob privat oder beruflich, einfach immer wieder das zu tun, wonach mir der Sinn steht und nicht mehr auf irgendetwas, das irgendwann vielleicht passiert, zu warten... versteht ihr? Das macht es heute für mich so anders. Und schließlich gehört es für mich auch zur Veränderung dazu, immer wieder zu reflektieren und genau hinzuschauen, was ich mir bis heute schon erarbeitet habe. Den Blick für das Große und Ganze sozusagen nicht aus den Augen verlieren..."

„Ja, das muss ich mir auch immer wieder ins Gedächtnis rufen!", meinte Sonja.
„Das glaub ich Dir. Und bei dir reicht vielleicht schon ein Blick in den Spiegel, oder?", grinste ich sie an.
„Ok, Mädels, auf die Gefahr hin, dass ich gedanklich noch mal zurückspringe: mich lässt dabei nicht so ganz los, was ihr vorhin schon über die Reaktionen

eures Umfelds auf die Veränderung erzählt habt. Angenommen, ich würde mir z.B. eine längere Auszeit nehmen, um nach Neuseeland zu fahren, einfach nur für mich... da fallen ja jetzt schon einige 'Störer', wie du das vorhin genannt hast, Sonja, ein... und das zusätzlich zu dem, was ich mir selbst ständig dagegenhalten würde...!", meinte Ingrid besorgt.

Ich wechselte kurz einen Blick mit Sonja : „Ich weiß nicht, wie es dir ging, Sonja, aber ich wurde während meiner Veränderung tatsächlich sehr häufig mit vielen sicher gut gemeinten Sichtweisen von anderen konfrontiert. Aber schon bald war mir aufgefallen, dass es meistens eigentlich die eigenen Unsicherheiten und die Ängste meines Gegenübers waren, die sich in der Sorge um mich spiegelten... also z.B. Warnungen oder der Rat: sei lieber vorsichtig, das könnte sehr schwierig werden oder unangenehme Konsequenzen haben etc..
„Mhm, naja...", Sonja und Ingrid sahen aus, als hätten sie tausend Fragezeichen gleichzeitig vor Augen. Das sah so komisch aus, dass ich erst einmal herzlich lachte.
„Na, zum Beispiel war es für viele zunächst recht unverständlich, wie ich mir eine Auszeit nehmen und dabei in Kauf nehmen konnte, kurzfristig nur wenig oder auch streckenweise kein Geld zu verdienen. Ich selbst bin eher risikobereit und kann damit ganz gut umgehen. Meine Gesprächspartner sahen das aber anders und wollten mir Jobs anbieten, um mir zu helfen.
Die hätten aber von der Thematik her schon gar nicht mehr in meine neue berufliche Ausrichtung und zu meinen geplanten Projekten gepasst... und das führte

dann zu so manchen Diskussionen, in denen ich die Panik der Anderen spürte, wenn sie sich diese Situation für sich vorstellten. Für manchen war das, wofür ich mich ganz bewusst entschieden hatte, eine Horrorvorstellung, glaube ich..."

Sonja nickte: „Ja, jetzt kann ich nachvollziehen was du meinst. Doch, so ähnlich kenne ich das auch. Zum Beispiel, wenn man mir sagte: Jetzt übertreib es nicht so mit dem Sport, du schindest dich ja total... Das war wirklich irritierend für mich, ich hatte ja Spaß, es war also gar nicht *mein* Gefühl, dass ich mich so schinde. Es war die Vorstellung der andern. Das meinst du doch damit, Nadja, oder?"

Ich nickte heftig: „Ja und ich denke da kann man gut auf sein Gespür vertrauen: Wenn mich so eine Aussage im ersten Moment bereits irritiert, trifft das meistens auch zu."
„Ah ja... ich glaube, ich muss da künftig in Gesprächen auch noch mal mehr darauf achten... jetzt wo du das so auf den Punkt gebracht hast. Sind es meine eigenen Ängste oder die, die andere mit dem Thema haben?... verstehe!", sagte Sonja und drehte sich zu Ingrid, um den letzten Teil ihrer Frage aufzugreifen:

„...und Ingrid, zu dem „Sich selbst dagegenhalten" kann ich nur sagen: es gehört für mich einfach dazu! Für mich war es unterwegs, als wäre ich auf einer Autobahn und immer wieder würden die unterschiedlichsten Schilder dort auftauchen:
Tempolimits, Ausfahrtschilder.... manche wollten mich bremsen, manche fragten mich: Willst Du wirklich

noch weiter? Bist du sicher? Und das mussten nicht immer „Störer" von außen sein, die hatte ich schon auch in mir: Willst du die 1000 Meter heute wirklich noch schwimmen? Heute noch? Nach dem langen Tag?
Meistens bin ich dann ja auch tatsächlich drangeblieben, wenn ich alle diese Fragen von Herzen mit ja beantworten konnte. Das hat mir schließlich sogar geholfen, auf dem Weg zu bleiben.", sagte Sonja und legte sich einen Schal um die Schultern. Irgendwoher kam schon die ganze Zeit Zugluft.

„Ein guter Vergleich, Sonja!", meinte ich. „Bei mir waren es zwar keine Autobahnschilder...", grinste ich, „aber auch ich habe mich innerlich immer wieder selbst geprüft und gefragt, ob ich das nun wirklich möchte.
Dabei ist mir aufgefallen, dass die meisten dieser Fragen in mir hochkamen, wenn ich in der Veränderung wieder an der nächsten Weggabelung angekommen war, versteht ihr?
Also allgemein gesagt: Immer wenn man sich am tiefsten Punkt der 'Change-Kurve' befindet, sind die Angebote, zurückzugehen oder stehenzubleiben, am attraktivsten. Je schöner und verlockender mir also die alten und bewährten Pfade erschienen, umso klarer war für mich schließlich der Hinweis, dass ich richtig unterwegs bin und genau auf diesem neuen Weg bleiben will.", schilderte ich.
„Ja, aber dazu gehört natürlich schon eine Menge Vertrauen, um das so sehen zu können. Also Vertrauen auf sich selbst, sein inneres Gespür...", ergänzte Sonja.

„Ja, so sehe ich das auch: Auf die eigenen Instinkte vertrauen und sich nicht von internen oder externen Verunsicherungen gleich von Weg abbringen lassen! Genau so habe ich das gemeint!", bestätigte ich. „Dazu gibt es übrigens einen schönen Spruch... einen Moment mal, ich möchte ihn euch kurz zeigen..." Ich zog mein kleines Büchlein aus der Tasche, in dem ich schon seit längerem tolle Zitate und Sinnsprüche sammelte, die mir weitergeholfen haben und meinen Weg geprägt haben:

„Vertrauen bedeutet, dass du etwas glaubst, was du nicht siehst. Als Belohnung siehst du, worauf du vertraut hast."

Ingrid strahlte:„Das gefällt mir! ...sagt mal, habt ihr eigentlich vielen Leuten vorher von euren Veränderungsplänen erzählt oder habt ihr einfach nur losgelegt?", wollte sie schließlich noch wissen.

„Ich habe es erst mal keinem gesagt. Erst als ich schon auf dem Weg war.", meinte Sonja.
„Von meinen Veränderungen wussten auch nur ganz wenige, keine Handvoll", sagte ich.
„Was wäre denn gewesen, wenn es doch wieder nicht geklappt hätte... nein, das wollte ich mir nicht antun...", schüttelte Sonja den Kopf.

„Ja, das verstehe ich.", meinte ich. „Und ich habe ja nicht nur einen Bereich meines Lebens verändert, sondern sozusagen die Gesamtkonzeption für mich neu aufgestellt, das hätte ich anfangs noch nicht mal in Worte fassen können, geschweige denn jemandem erzählen...

Ich machte eine kurze Pause.
„Aber ehrlich gesagt, inzwischen hat sich das bei mir geändert: Jetzt erzähle ich gerne bereits vorab von meinen Vorhaben: Zum einen, weil ich dadurch oft wertvollen positiven Input von außen bekomme, zum anderen übe ich dadurch auch eine Art 'positiven Druck' auf mich selbst aus. Ein bisschen kann ich mich so selbst austricksen und treibe mich selbst an, meine Projekte wirklich nach vorne zu bringen.
Denn früher hätte ich den Umstand, dass ja niemand davon weiß auch ganz gern mal als Schlupfloch genutzt: Weiß ja noch keiner! Erfährt also niemand!...es ist schon irre, wo sich der innere Schweinehund überall verstecken kann! Aber man kann ihn durchaus überlisten...", blinzelte ich die beiden anderen an.

„Haha, ich werd es meinem mal erzählen...", lachte Ingrid. „...wenn man ihm nachgibt, wirft einen das ja oft wieder weit zurück, nicht wahr?"

„Naja, die Versuchungen sind schon da,", gab ich zu. „ aber wenn man weiß, wo man gerade steht in der Veränderungskurve,", ich zeigte nochmals auf die gezeichnete Grafik, „dann hilft das schon viel.
Dieses Methodenwissen zum Thema Veränderung hat mir schon recht oft weitergeholfen. Zu wissen, wo ich gerade in der Kurve stehe hat mir immer wieder eine objektive Sicht eröffnet... und schließlich auch geholfen, zu erkennen, wie ich mich aus *'Tief-Phasen'* selbst wieder herausziehen kann:
Mich weiter auf mein Ziel konzentrieren, wissen, dass die Höhen und die Tiefen zur Veränderung gehören... Einordnen, wo ich gerade stehe... und schließlich wis-

sen oder nachspüren, zu wem ich gehen oder was ich mir selbst Gutes tun kann, um gestärkt wieder heraus zu kommen....

Veränderung verläuft quasi in Wellen, wenn ihr so wollt: Und geschickter Weise halte ich mich in den *Hochphasen*, in denen sich eine Welle in Bewegung setzt, kräftemäßig natürlich nicht zurück, sondern versuche, den Schwung wirklich komplett mitzunehmen, um auf der Welle mit schwimmen zu können, solange sie mich trägt.", erklärte ich.

„Oh, das ist ja ein phantastisches Bild für mich Wasserratte!", jubelte Sonja dazwischen und klatschte leise in die Hände.

„Warte mal... da hab ich was, das wird dir gefallen.", sagte ich und kramte in meiner Tasche. „Kennt ihr die Story von der grünen Wasserschildkröte?"

Die Beiden sahen mich so verdutzt an, dass ich schon wieder lachen musste. Ich musste erst ein paar Mal tief durchatmen und die richtige Stelle in John Streleckys „Das Café am Rande der Welt" finden, dann konnte ich vorlesen:

„*... als ich rechts von mir eine grüne Meeresschildkröte erblickte, die neben mir her schwamm. ... Die Meeresschildkröte befand sich genau unter mir und schwamm vom Ufer fort...*
Verblüfft stellte ich fest, dass es mir nicht gelang, so schnell voranzukommen wie sie, obwohl es so aussah, als würde sie sich ziemlich langsam vorwärts bewegen. Sie paddelte hin und wieder mit den Flossen, um sich dann einfach wieder im Wasser treiben zu lassen."

In Ingrids und Sonjas Gesichtern sah ich, dass der Vergleich angekommen war.

„Es geht noch weiter, aber das Prinzip kommt, glaube ich, schon rüber:

Die Meeresschildkröte hat sich nur dann so richtig engagiert und all ihre Kraft eingesetzt, wenn es sie auch wirklich vorangebracht hat. Darauf hat sie sich ganz ökonomisch konzentriert. Was man von ihr also lernen kann, ist, seine Ressourcen zu schonen, sich treiben zu lassen, wenn es gerade möglich ist, um dann bei der nächsten kommenden Welle genug Kraft zum Vorwärts-Paddeln zu haben.

Umgekehrt bedeutet das aber auch, dass sie den *'Flow'* auf der Welle nutzt, um so weit wie möglich voranzukommen. Und mit diesem Schwung arbeitet sie.

In dieser Geschichte ist unter anderem auch das Wasser, das sie umgibt, ihr *'Antreiber'*, sie ist selbst ein Teil seiner Wellenbewegung: wir könnten das auch mit unserem Leben und allem, was uns umgibt, vergleichen. Aber das bedeutet natürlich nicht, dass man nur sitzen und auf Antrieb von außen warten sollte.

Letztlich entscheidet ja die grüne Wasserschildkröte selbst, welche Welle sie nimmt oder ob sie mal eine Pause einlegt... und genau so entscheiden wir aus unserer eigenen Motivation heraus, wann wir vorwärts gehen möchten.", versuchte ich den beiden nahezubringen.

Ich war selbst so begeistert von der Geschichte, denn die Anwendung dieses Prinzips hatte mich selbst schon mehrfach weitergetragen...

Sonja und Ingrid sahen sich an : „Total süß!", meinte Sonja und Ingrid: „...und total logisch! Spitze! Das passt auch zu meinem Projektmanagement hervorragend!"

„Würdet ihr das Ganze eigentlich noch einmal machen?" fragte sie schließlich dann noch in die Runde.

„Ja sicher, auf jeden Fall!", antwortete ich ohne Umschweife.

Sonja zögerte noch: „...also wenn ich das vorher alles gewusst hätte...", grinste aber dann doch und fuhr fort: „...nein, Quatsch! Klar war es anstrengend und nicht immer nur lustig, aber ich würde es wieder so machen: Ich stelle mir inzwischen vielmehr die Frage, warum ich es nicht schon früher in dieser Art und Weise angegangen bin. Auf der anderen Seite hat und braucht wohl einfach alles seine Zeit..."

„Und wie geht es jetzt eigentlich weiter für euch? Ende? Angekommen? Fertig?", wollte Ingrid noch wissen.

Sonja meinte: „Also mit meinem Gewicht und meiner Fitness bin ich momentan zufrieden. Innerhalb dieser Balance versuche ich jetzt einfach, so gut es geht weiter zu machen.
Fertig? Nein, das bin ich nicht. Seit einigen Wochen schon bemerke ich, dass ich mit dieser Veränderung auch einige neue Themen in meinem Leben angestoßen habe, denen ich mich jetzt Stück für Stück widmen werde. Es kommt mir vor, als hätte ich mit dem ersten Thema einen Dominostein angestoßen, der nun weitere Steinchen ins Wanken bringt.... Das ist ja eigentlich wie bei dir, Nadja: bei dir hat sich ja auch nicht nur eine Sache geändert, son-

dern die erste Änderung hat viele weitere Kleinigkeiten mit in Bewegung gebracht..."

Da konnte ich natürlich nur zustimmen!
„Klar. Deswegen würde ich auch sagen: Angekommen bin ich, ja... aber fertig noch lange nicht! Mein persönlicher *'Achttausender'* ist jetzt meine Grundlage, mein Fundament für künftige Aufgaben und Vorhaben: denn ich will noch hoch hinaus!", zwinkerte ich den beiden vielsagend zu.
„Jetzt geht es für mich darum, in meinem Element zu leben und meine Projekte weiterzutragen. Ich will und werde mein Leben genau so leben, wie ich es mir für mich erarbeitet habe. Hoch- und Tiefpunkte, neue Ideen, neue Ereignisse und Begegnungen gehören da natürlich auch wieder dazu und bringen neue Veränderungen für mich.
Grundsätzlich finde ich deshalb: es lohnt sich immer, in die Veränderung zu gehen! Und je weiter man auf seinem eigenen Weg geht, umso zufriedener wird man und die kommenden *'Tiefpunkte'* werden über den früheren *'Hochpunkten'* liegen. Die *'Tiefpunkte'* nimmst du dann nicht mehr als 'Tiefpunkte' wahr, weil du ja bereits insgesamt schon einen zufriedeneren und glücklicheren Grundstatus für dich hast.
Eigentlich müsste ich euch ja dazu zwei Grafiken zeigen, die das deutlich machen... Hat noch mal jemand einen Stift für mich?"

Ingrid suchte zwischen den Sitzen und hielt mir schließlich triumphierend den Ausreißer entgegen. Noch während ich erklärte, begann ich zu zeichnen:

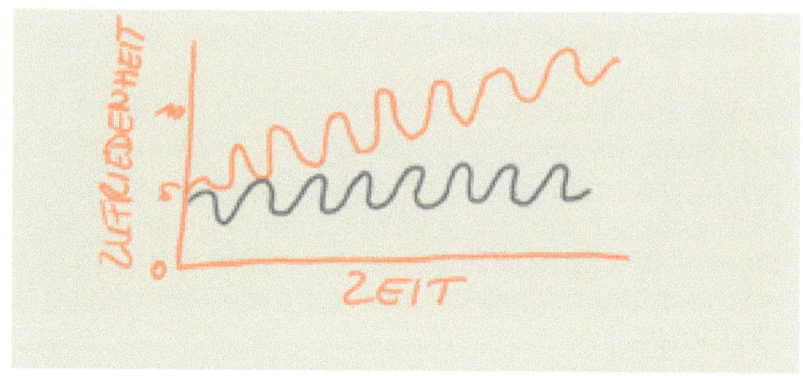

„Hier seht ihr zwei Wellenkurven von zwei unterschiedlichen Autoren in einer Grafiken zusammengefasst: Die graue Kurve ist die durchschnittliche Zufriedenheitskurve vieler Menschen nach Marcel Hager. Im Rahmen von 0 -10 ist die Fünf dabei der Mittelwert, mit dem sich die meisten Menschen zufriedengeben. Man hat einen Job, eine Familie, Rechnungen könne bezahlt werden...: hier haben die Menschen alles, was sie zum Leben brauchen und es gibt ihnen ein Gefühl der Sicherheit.

Die orange Zufriedenheitskurve zeigt, wie John Strelecky sich vorstellt, wie sich unsere Zufriedenheit immer weiter entwickeln kann. Sie zeigt Hoch- und Tiefpunkte, auch wenn die eigenen Ziele und Wünsche bereits umgesetzt und gelebt werden. Die Veränderungspunkte bleiben, aber die Zufriedenheit wächst trotzdem mit der Zeit und irgendwann liegen die neuen Tiefpunkte sogar höher, als die früheren Hochpunkte.

Und ja, auch wenn es manchmal zwickt und Dinge schief laufen oder sie sich nicht gleich so entwickeln, wie du dir das vielleicht gerade vorstellst: Du bist dann trotzdem schon viel zufriedener als früher, sogar im Vergleich zu deinen damaligen Erfolgserlebnissen.

Ich füge diese beiden Grafiken sehr gerne zusammen, denn für mich zeigt sich daran, wie sehr wir unser Leben ausschöpfen können und dass es da oft noch richtig viel Potenzial und Kapazitäten gibt. Wir nutzen das nur zu selten..."

„Hmm... das sieht gut aus. Kann ich nachvollziehen.", meinte Ingrid.
„Wie hat Walt Disney so schön gesagt: *„Träume nicht dein Leben. Lebe deinen Traum!"*, ergänzte ich noch: "Wir alle können das, denn es steckt bereits in uns!".
Ich stellte fest, dass mir vor lauter eifrigem Erklären ganz warm geworden war und krempelte mir die Ärmel hoch.
Sonja sah mir dabei zu und meinte: „Ich merke schon, du bist sehr überzeugt von der Sache! Und tatsächlich machst du auf mich auch den Eindruck, als wärst du dort angekommen, wo du sein willst. Auf deinen Grafiken müsste das schon ziemlich weit oben sein, nicht wahr...?
Ich lachte: „Ja, das bin ich wohl! Und jetzt geht mein Leben erst richtig los! Jetzt kommen meine nächsten *'Etappen'*: Erst einmal Gipfelwandern und danach folgt die Alpenüberquerung!"
„Wie jetzt? Nur im übertragenen Sinne oder auch so richtig?", fragte Ingrid ungläubig.
„Beides natürlich!", gab ich ihr fröhlich zur Antwort.
„Respekt!", meinte Sonja nur.

„Wie ist es denn eigentlich bei dir, Sonja? Hast du auch ein Fazit aus deinen Erfahrungen gezogen, das du uns erzählen würdest?" fragte ich sie.

„Eine gute Frage. Was ich sagen kann ist, dass ich aus eigenem Antrieb und auf meine ganz eigene Art und Weise den Weg zu einem gesünderen und aktiveren Leben gefunden habe. Dabei habe ich zum einen überflüssiges Gewicht verloren, zum anderen wurde ich unterwegs durch viele neue Erfahrungen bereichert.

Das Beste für mich war und ist noch heute, dass das alles mit Spaß und Genuss geht: Ich habe zu keinem Zeitpunkt gehungert, habe Restaurants besucht, Partys gefeiert und sogar auch mal Kuchen gebacken...", blinzelte sie uns an.

Ingrid streckte beide Daumen nach oben.

„Ich bin auch heute noch ein genussfreudiger Esser, jetzt sogar bewusster denn je.", fuhr Sonja fort. „Die regelmäßige Bewegung hilft mir, immer wieder die richtige Balance für meinen Körper zu finden. Ich würde sagen, dass mein Erfolg darauf basiert, dass ich mich eben an *kein* vorgegebenes System gehalten habe, sondern mir selbst mein ganz eigenes erarbeitet habe. Im Austausch mit Menschen, die ähnliches oder sogar noch viel mehr geschafft haben, hat sich schließlich auch mein Eindruck bestätigt, dass allein das der Weg zum langfristigen Erfolg sein kann. Mein Fazit ist demnach, dass es in diesem Bereich nur individuelle Lösungen gibt.", fasste sie kurz und bestimmt zusammen.

Kurze Zeit später hörten wir eine Durchsage des Schaffners: „In wenigen Minuten erreichen wir Frankfurt. Sie haben Anschluss an folgende Züge ... beachten Sie bitte auch die Durchsage am Bahnsteig. Vielen Dank... wir wünschen Ihnen einen angenehmen Aufenthalt und eine gute Weiterreise."

„Hier muss ich aussteigen.", sagte Sonja und fing an ihre Sachen zusammenzupacken. „Das war wirklich eine kurzweilige und total interessante Fahrt mit euch. Vielen Dank!" Sie strahlte uns an.
Ich stand auf und gab ihr noch schnell meine Visitenkarte: „Mich hat es auch sehr gefreut, dass wir uns begegnet sind. Wenn du willst, melde dich mal oder schreibe mir gerne, wie es für dich weitergeht."
Ingrid hatte Sonja beim Packen beobachtet und verabschiedete sich nun auch von ihr: „Es war richtig schön, dich kennengelernt zu haben und danke, dass du deine Geschichten und Erfahrungen mit uns geteilt hast. Alles Gute für dich!"
„Sehr gerne. Und danke, das wünsche ich dir auch!"
Sie winkte uns zum Abschied noch einmal zu und ging dann Richtung Ausgang.

Kurz darauf hielt der Zug auch schon im Bahnhof. Ich lächelte vor mich hin und freute mich über diese tolle Begegnung...
Gleich darauf setzte sich der Zug wieder in Bewegung und ich bemerkte eine nachdenklich dreinschauende Ingrid, die offensichtlich stark ins Grübeln geraten war.
„Wie geht es dir jetzt?" fragte ich sie.

Sie sah mich an, brauchte ein paar Minuten, um bei meiner Frage anzukommen, und meinte dann:
„Mit so vielen tollen Geschichten habe ich gar nicht gerechnet. Ich glaube ich muss das alles erst einmal verdauen. Aber ich habe durch euch inzwischen schon richtig Lust bekommen, mir selbst auch Gedanken darüber zu machen, was wirklich wichtig für mich ist und es herauszufinden.

Ihr habt es ja auch geschafft! Es scheint zwar nicht immer mühelos zu gehen, aber ich finde schon, dass es grundsätzlich machbar ist, wenn man es wirklich will. Und da ich nun weiß, dass zur Veränderungen auch Phasen gehören, die nicht so schön sind und die man einfach mal aushalten muss, ist es dann wahrscheinlich gar nicht mehr so schlimm... Was ich von euch mitnehme ist, dass es immer irgendwie weitergeht und vor allem am Ende gut geht!"

„Das klingt doch aber mal richtig schön! Ich freu mich sehr, wenn wir dir genau diesen Eindruck vermitteln konnten!" antwortete ich ihr.

„Und falls ich doch mal nicht weiter wissen sollte, nehme ich mir gerne auch eine Karte von dir mit.", meinte sie. "Vielleicht melde ich mich ja auch wegen eines Coachings bei dir."

„Das kannst du jederzeit gerne machen. Aber ich freue mich auch, wenn du dich einfach so mal meldest und erzählst, was du auf deinem Weg jetzt weiter gemacht hast.", sagte ich und gab ihr meine Visitenkarte.

Ich drehte mich zum Fenster und ließ die Landschaft an mir vorbeiziehen... Entgegen meiner ursprünglichen Zweifel hatte ich Ingrid und Sonja ja nun doch ganz schön viel von mir erzählt... Und die Erinnerung an viele weitere meiner persönlichen *'Glücksmomente'* zauberte ein Lächeln in mein Gesicht.

„Hast du es eigentlich je bereut?", fragte Ingrid plötzlich.

Darauf gab es für mich nur einen Antwort: „Keine einzige Sekunde!"

Eine halbe Stunde später waren wir bei meinem ersten Reiseziel angekommen. Nach einer herzlichen Verabschiedung von Ingrid stieg ich aus. Bereits in diesem Moment war ich sehr glücklich über meine Reise: Und es war doch erst der Anfang und sie würde noch lange weitergehen...

Epilog

Noch während der Arbeit an diesem Buch habe ich immer wieder Anpassungen vorgenommen und neue Geschichten ergänzt. Bereits innerhalb der vergangenen Monate, also noch während des Schreibens, haben sich die Reisen der Charaktere so sehr weiterentwickelt, dass ich Euch die Neuerungen in ihren Veränderungsprozessen natürlich nicht vorenthalten wollte. Die heutige Fassung des Textes beschreibt den Stand im Sommer 2014:

Nach ein paar Wochen meldete sich Sonja tatsächlich bei mir, und wir verabredeten uns für einen Skype-Austausch. An einem Freitagabend sahen wir uns online wieder. Sie erzählte mir, was sich seit unserer Begegnung bei ihr alles entwickelt und ergeben hatte. Ich war beeindruckt. Die Gewichtsveränderung hat bei ihr im Nachhinein wirklich noch viele neue Themen angestoßen, denen sie sich nun ebenfalls aufmerksam widmet.
Unter anderem ist sie gerade dabei, eine große Leidenschaft ihres Lebens, die Musik, die sie schon fast ganz aufgegeben hatte, wieder neu für sich zu entdecken. In den letzten Jahren hatte sie sich hauptsächlich auf das Unterrichten konzentriert, aber nach all den Erfahrungen und Erfolgen, die durch das Abnehmen kamen, fasst sie nun den Mut und stellt sich der neuen Aufgabe: ihrem neuen Projekt, auch der Musik wieder einen größeren Platz in ihrem Leben einzuräumen. Das bedeutet für sie nicht nur, selbst wieder aktiv mehr zu singen, sondern sich auch den Traum zu erfüllen, Ideen und Methoden aus ihren un-

terschiedlichen Kompetenzbereichen miteinander zu verknüpfen.

Vor allem möchte sie sich künftig neben dem Unterrichten von Gesangsschülern künftig auch als Trainerin etablieren, die Menschen dabei hilft, die eigene Stimme besser kennenzulernen und diese auch beim Sprechen wirkungsvoller einsetzen zu können. So bietet sie beispielsweise Kunden, die häufig Vorträge halten müssen, ein gezieltes Stimm- und Atemtraining an.

Auch Ingrid meldete sich bei mir und erzählte mir, dass sie es inzwischen wirklich geschafft hat, das Volleyball-Spielen wieder in ihr Leben zu integrieren. Und auch in Hinblick auf ihren Job hat sie mittlerweile für sich entschieden, dass sich künftig etwas ändern muss. Mit diesem Thema möchte sie sich aber noch ein wenig Zeit lassen und erst noch genauer herausfinden, was sie langfristig wirklich möchte. Wir verabredeten, in Kontakt zu bleiben, und in einigen Wochen wieder darüber zu sprechen.

Und über mich selbst bleibt seither nur zu sagen:

„Jede Sekunde, die ich mein Leben so lebe, wie ich es wirklich will, ist eine Sekunde mehr, die ich glücklicher und zufriedener bin!"

Meine Zutatenliste für ein individuell erfülltes Leben:

Man nehme:

- die eigenen Träume und Wünsche
- die eigenen Antreiber & Motivatoren
- Ehrlichkeit und Aufmerksamkeit für sich selbst
- Durchhaltevermögen, Beobachtungsgabe und Gelassenheit
- Sandsack, Tempos, Tonnen an Schokolade oder Süßigkeiten und alles was sonst noch gut tut
- Zeit - Zeit - und Zeit
- und eine große Portion Humor!

Gehe jeden Tag Schritt für Schritt konsequent und mit Improvisationstalent nach dem *'Trial&Error- Prinzip'* zu deinem eigentlichen Leben: dem Leben das du *wirklich* leben willst!

Just do it!

Literatur

John Strelecky:
„Das Café am Rande der Welt", Deutscher Taschenbuchverlag, 4. Auflage, München, April 2008

Marcel Hager:
„Sehnsucht, Mut und Stärke - Eine Reise vom Überleben zum Leben", Verlag: From Survive to life Hager Erlebnis-coaching, 1. Auflage, November 2013

Renate Göckel:
„Warte nicht auf schlanke Zeiten", Kreuz Verlag, Stuttgart 2002

Ajahn Brahm, „Die Kuh, die weinte", Lotos Verlag, München 2006